IP知识 普及丛书

U1070350

知识产权从入门到精通

入门篇

何旭文 主 编

李满宇 郝瑞刚 隋 欣 姚金金 副主编

知识产权出版社

全国百佳图书出版单位

—北 京—

图书在版编目（CIP）数据

知识产权从入门到精通．入门篇/何旭文主编．—北京：知识产权出版社，2023.3
ISBN 978-7-5130-8607-3

Ⅰ．①知…　Ⅱ．①何…　Ⅲ．①知识产权法—研究—中国　Ⅳ．①D923.404

中国国家版本馆 CIP 数据核字（2023）第 000403 号

责任编辑：林竹鸣　　**责任校对**：潘凤越
封面设计：杨杨工作室·张　冀　　**责任印制**：刘译文

知识产权从入门到精通：入门篇

主　编　何旭文

副主编　李满宇　郝瑞刚　隋　欣　姚金金

出版发行：	知识产权出版社有限责任公司	网　　址：	http://www.ipph.cn
社　　址：	北京市海淀区气象路 50 号院	邮　　编：	100081
责编电话：	010-82000860 转 8792	责编邮箱：	linzhuming@cnipr.com
发行电话：	010-82000860 转 8101/8102	发行传真：	010-82000893/82005070/82000270
印　　刷：	三河市国英印务有限公司	经　　销：	新华书店、各大网上书店及相关专业书店
开　　本：	880mm×1230mm　1/32	印　　张：	9.5
版　　次：	2023 年 3 月第 1 版	印　　次：	2023 年 3 月第 1 次印刷
字　　数：	196 千字	定　　价：	58.00 元

ISBN 978-7-5130-8607-3

前　言

知识产权与大众的距离越来越近了，这充分反映了社会在快速进步和发展。知识产权这个概念初听上去并不复杂，但是其仅作为一个整体上的描述，实际上包括了文学、艺术、科学研究、技术发明、商业运作等多种多样的来自人类智慧的活动，要想清晰地辨别和认识并不是十分容易。

从事这项工作十多年后，仍然经常需要对一些基本概念做解释和说明，这一方面印证了知识产权与我们的日常生活密切相关，另一方面也是因为大部分知识产权书籍太过于专业和复杂。本书希望尽可能地用最简单但是规范的方式去阐述对于知识产权的理解，为知识产权入门者提供帮助。

本书分为五章：第一章涉及知识产权的总体概念；第二章涉及专利；第三章涉及商标；第四章涉及著作权；第五章涉及其他知识产权以及知识产权国际条约。

希望本书的出版，能够在比较生动有趣的前提下为知识产权入门者提供一览全貌的机会。知识产权涉及内容广泛，尽管有着浩如烟海的精彩案例，但仍难以选出最为恰当和具有代表性的部分；虽然本书竭尽作者所学所知的专业知识，但仍难免存在偏差和错误；虽然本书努力做到通俗和有趣，但仍难免有些枯燥和刻板。敬请广大读者见谅。

目　录

第一章 知识产权概述

第一节 知识产权简介

知识产权是指自然人、法人或其他组织对其特定的智力成果、商誉和其他特定相关客体等享有的权利。

知识产权可大致分为两类：一类是著作权（也称为版权、文学产权），另一类是工业产权（也称为产业产权）。

根据《建立世界知识产权组织公约》，知识产权包括：关于文学、艺术和科学作品的权利；关于表演艺术家的表演以及唱片和广播节目的权利；关于人类一切活动领域内的发明的权利；关于科学发现的权利；关于工业品外观设计的权利；关于商标、服务标记以及商业名称和标志的权利；关于制止不正当竞争的权利；以及在工业、科学、文学或艺术领域内由于智力活动而产生的一切其他权利。

根据《与贸易有关的知识产权协定》（简称 TRIPS 协定），知识产权的范围包括：版权和相关权利、商标、地理标识、工业设计、专利、集成电路布图设计、对未披露信息的保护、对协议许可中限制竞争行为的控制。

根据《中华人民共和国民法典》第一百二十三条的规定，民事主体依法享有知识产权。知识产权是权利人依法就下列客体享有的专有的权利：（1）作品；（2）发明、实用新型、外观设计；（3）商标；（4）地理标志；（5）商业秘密；（6）集成电路布图设计；（7）植物新品种；（8）法律规定的其他客体。

第二节 知识产权保护简介

根据郑成思先生和张玉敏先生的理论，知识产权具备以下特征：

（一）非物质性

知识产权所保护的对象，大部分是智力活动所创造的成果，即通常所说的智力成果，如文学艺术和科学作品、新产品新方法的发明创造。所谓非物质性，是指知识产权保护的对象并无物质性存在，它仅是一种信息。知识产权法所保护的，正是人们对这种信息的控制和支配。

（二）地域性

对地域性的一般解释是，依据一国法律所取得的知识产权，仅在该国范围内有效，在其他国家不发生效力。这一特点是由知识产权须经法律直接确认这一特点决定的，因为一国的法律没有域外效力。因此，在今天的国际条件下，同一信息可以同时或先后在不同的法域内取得知识产权。

（三）可分授性

知识产权的权利人不仅可以在不同的法域分别行使其权利，而且可以在同一法域内同时或先后将知识产权相同的或不同的权能分别授予多人行使。可分授性是知识产权区别于其他民事权利特别是物权的又一重要特征。

（四）专有性

有形财产权也具备专有性特点，但知识产权的专有，极少可能采用“分身法”处置有关标的。专利权人有权排斥另一人将自己搞出的发明许可或转让第三者，另一人只有“在先使用权”。此外，知识产权，尤其是其中的工业产权的专有性，还反映出完全不同于有形财产权的“排他性”。

第三节　我国知识产权制度发展概况

我国知识产权制度起步于20世纪80年代，较英国、法国、美国、德国等西方发达国家建立知识产权制度延迟了数十年乃至上百年。但是，我国的知识产权制度发展迅速，在短短 40 余年时间里实现了由低水平到高水平的发展，从本土化走向了国际化，尤其是在知识产权保护制度建设方面中国付出了大量努力。

国内制度建设方面。一方面，我国着重建立、健全知识产权法律体系。在党的十一届三中全会召开后的 1979 年，我国的专利法、商标法、版权法三部法律同时开始起草。在 1979 年的《中华人民共和国刑法》中，在“破坏社会主义经济秩序罪”章节规定了假冒注册商标的刑事处罚，使商标从这时起就被赋予了“专用权”，成为一种“从刑法中产生的民事权利”。1982 年，我国颁布了《中华人民共和国商标法》；1984 年，我国颁布了《中华人民共和国专利法》；1986 年，我国颁布了《中华人民共和国民法通则》，其中明文规定了对知识产权的保护；1990 年，我国颁布了《中华人民共和国著作权法》；1991 年 6 月，国务院发布了《中华人民共和国计算机软件保护条例》；1993 年 9 月，我国颁布了《中华人民共和国反不正当竞争法》，开始明文保护商业秘密；1997 年 3 月，国务院颁布了《中华人民共和国植物新品种保护条例》。除了几部单行法律与行政法规外，我国 1997 年修订后的《中华人民共和国刑法》还列有“侵犯知识产权罪”专章，规定了对严重侵犯商标权、侵犯著作权、侵害商业秘密及假冒他人专利等进行刑事处罚。至此，我国知识产权法律体系中的基本法律、法规已经具备。近年来，我国根据社会经济发展和各方面诉求变化，又修改了《中华人民共和国商标法》《中华人民共和国专利法》《中华人民共和国著作权法》等知识产权法律。我国还于 2021 年 1 月 1 日起正式施行《中华人民共和国民法典》，进一步夯实了知识产权强国建设中的法治基础。

国际制度发展方面。我国积极参加知识产权国际保护体系。自 1980 年加入世界知识产权组织后，我国相继加入《保护工业产权巴黎公约》《专利合作条约》《国际承认用于专利程序的微生物菌种保藏布达佩斯条约》《工业品外观设计国际分类洛迦诺协定》《商标国际注册马德里协定》《商标注册用商品和服务国际分类尼斯协定》《商标国际注册马德里协定有关议定书》《与贸易有关的知识产权协定》《国际植物新品种保护公约》《保护文学和艺术作品伯尔尼公约》《世界版权公约》《保护录音制品制作者防止未经许可复制其录音制品公约》等国际公约、条约、协定或议定书。2006 年我国加入了《世界知识产权组织版权条约》《世界知识产权组织表演和录音制品条约》，进一步加强了网络版权保护力度；2007 年加入了《修改〈与贸易有关的知识产权协定〉议定书》。2022 年 5 月 5 日，《工业品外观设计国际注册海牙协定》在我国正式生效。迄今为止，我国积极参与已加入的知识产权国际公约、条约项下的各种活动，恪守有关国际公约、条约的真诚立场和充分承担国际义务的能力，深度参与全球知识产权治理，得到了国际舆论的广泛赞誉。

在上述制度建设和发展过程中，为了提高创新质量、优化营商环境，我国特别重视完善知识产权保护工作的有关制度。党中央、国务院近年来不断优化知识产权顶层设计，密集出台知识产权有关政策。习近平总书记高屋建瓴地提出“保护知识产权就是保护创新”的重要论断。2008 年 6 月 5 日，我国正式颁布《国家知识产权战略纲要》，开启了我国知识产权事业发展的新篇章。2017 年，党的十九大报告提出“强化知识产权创造、保护、运用”。2019 年 7 月，国务院印发《关于强化知识产权保护的意见》。2020 年 11 月，中共中央政治局就加强我国知识产权保护工作举行第二十五次集体学习，习近平总书记发表重要讲话。2021 年 9 月，中共中央、国务院印发《知识产权强国建设纲要（2021—2035 年）》，描绘出我国加快建设知识产权强国的宏伟蓝图。2022 年 11 月，党的二十大报告强调要“加强知识产权法治保障，形成支持全面创新的基础制度”。

从顶层设计角度讲，我国针对不同的知识产权类型及其保护要求，均设置了相应的履行知识产权保护职责的行政管理部门。从国家层面来看，行政管理部门主要包括国家市场监督管理总局及其管理的国家知识产权局，还有国家新闻出版署（国家版权局）、自然资源部管理的国家林业和草原局、农业农村部、海关总署等，国家知识产权局还专门设立了知识产权保护司以部署和强化知识产权保护工作；从地方层面来看，则主要由上述部委局所管理或指导的地方行政管理部门来履行保护职责。

在实践中，我国对知识产权采取行政保护与司法保护并重的“双轨制”特色保护模式。行政保护是指行政机关依据法律赋予的行政权履行职责，维护知识产权权利人的合法权益。司法保护是指人民法院通过知识产权民事、行政或刑事案件的司法审判实现对知识产权权利人合法权益的保护。

这些组织架构和政策体系的建立健全，形成了具有中国特色社会主义知识产权制度，成为我国高质量开展知识产权保护的工作基础。

第二章 专 利

第一节 专利基础知识

一、专利权的概念和意义

（一）专利权的概念

专利权是专利权人在法定期限内对特定发明创造享有的专有权利，是国家授予特定人对其发明创造一定期限的独占并禁止他人使用的某种特权，是对发明创造的独占排他权。

（二）专利权的意义

《中华人民共和国专利法》（简称《专利法》）第一条规定：为了保护专利权人的合法权益，鼓励发明创造，推动发明创造的应用，提高创新能力，促进科学技术进步和经济社会发展，制定本法。

对于社会经济而言，专利权的意义在于促进科学技术进步和经济社会发展。对于专利权人而言，专利权可以保护发明人的独创性技术，使发明人的知识产权得到国家公权力的有效保护，防止他人随意使用，提高市场占有率和竞争力。

你知道吗[1]

专利制度是随着社会和科学技术的发展逐步形成和发展起来的一种国家授予权利的制度，它几乎影响了现代生活的方方面面，现代社会各项技术的诞生都伴随着专利的产生。

1878年，英国科学家约瑟夫·斯旺试制成功了第一只白炽灯并获得英国GB4933号专利权。受此情况的鼓舞，无数科学家绞尽脑汁希望制造物美价廉、经久耐用的家用电灯泡，最终这个愿望由爱迪生实现了。1880年爱迪生获得了名为“电灯”的美国US223898号专利权，但他并没有止步于此，经过不断的研究，他发明了以碳化竹纤维作为灯丝材料的灯泡，1906年他又改用钨丝作为灯丝材料的灯泡。爱迪生还在1907年获得了荧光灯的US865367号专利权，由于受限于当时的整体技术，爱迪生最终不得不放弃了荧光灯的专利权，但是20世纪50年代后荧光灯技术发展起来并逐渐超越了白炽灯。

1882年，继爱迪生发明直流电后，特斯拉发明了交流电，并于1888年获得美国US381968号专利权，他还制造出世界第

---

[1] 国家知识产权局专利局专利文献部. 影响世界的专利［M］. 北京：知识产权出版社，2015.

一台交流发电机。特斯拉在交流电领域拥有60多项专利，覆盖了整个交流电系统，这种完美的专利布局导致其他人想要开发交流发电装置或建造变电站都必须获得他的专利许可。特斯拉在其他领域也颇有建树，他一生独自开发并取得专利权700多项，合作开发高达1000多项，包括奠定了无线电遥控技术的1898年美国US613809号专利以及X光摄影技术专利等。从专利保护的地域范围来看，除美国外，特斯拉还在加拿大、英国以及奥地利申请了专利，在当时的发达国家均构建了自己的专利版图。当然，特斯拉还将许多专利免费共享给社会，促进了人类社会的发展。

19世纪末，由于当时的剃须刀技术不完善，剃须刀笨重且不安全。美国一位名为金·吉列（King Gillette）的推销员想要制作一种锋利而又安全的剃须刀，他经过多次设计和试验，仍没有成功。直到1901年，他认识了麻省理工学院毕业的机械工程师尼克逊（Nickerson），在尼克逊的帮助下经过研究，设计了可以投入使用的剃须刀片，并在1904年获得了名为“剃须刀（Razon）”的美国US775134号专利权。尼克逊成为吉列的合伙人，他们共同成立了美国安全剃须刀公司，也就是后来的吉列安全剃须刀公司。此后，吉列仍继续深入研究，一生共申请了11项相关专利。直到今天，剃须刀家族仍在不断地推陈出新，产品技术创新层出不穷。这个看似不起眼的东西，不仅为吉列公司带来了无法估算的利润，也为全世界男士提供了安全、便捷、舒适的生活必需品。

拉链可以说是现代人最熟悉的物件之一。1893 年，美国工程师惠特科姆·贾德森（Whitcomb Judson）为了克服每天系鞋带的麻烦，发明了一种可以代替鞋带的拉链，他在 1893 年把样品送到芝加哥世界博览会上展出并得到了好评，于当年获得了“用于鞋子的勾环式锁扣”的美国 US504038 号专利权，这就是拉链的雏形。贾德森成立公司来生产这种锁扣，但是由于它使用起来笨重且移动不太顺畅，这种拉链不受市场青睐，所以并未流行起来。贾德森继续进行改进，1913 年该公司的工程师吉德昂·逊德巴克（Gideon Sundback）作出了重大改进，成功克服上述缺陷，开发了使用起来顺畅且具有实用价值的拉链，随后又分别在美国、英国和德国提出专利申请并相继获得专利授权。如今，拉链的品种不断增多，其应用不限于日用品，而且已进入科研、医疗、军事等领域，被誉为 20 世纪科技界的十大发明之一。

二、专利法的历史

1474 年，威尼斯共和国颁布了世界上第一部专利法，被命名为《发明人法规》（*Inventor Bylaws*）。英国工业革命之后，日益旺盛的生产需求催生了非常多的发明，然而此时的专利制度声望并不高，专利权人滥用权利的现象极其普遍，于是自 17 世纪开始，英国进行了大刀阔斧的专利制度改革。英国 1623 年制定并于 1624 年实施《垄断法》（*Statute of Monopolies*），该法是公认的现代专利法的鼻祖，它对发明的主体、客体、专利授予对象、取得条件、保护期限等作了规定。随着资本主义经济的迅速发展和现代化生产的出现，人们看到了英国《垄断法》对促进经济和技术发展的积极作用，其他国家纷纷效仿，先后制定了本国专利法：1790 年，美国颁布了其第一部专利法；1791 年，法国制定了其第一部专利法；自 19 世纪开始到 20 世纪初，大多数工业化国家相继颁布了本国专利法，例如 1809 年荷兰专利法、1826 年西班牙专利法、1877 年德国专利法以及 1885 年日本专利法等。

我国于 1944 年 5 月 29 日由当时的国民党政府颁布了中国历史上第一部正式的“专利法”。然而，由于战争的影响，这部专利法从未在祖国大陆真正实施过。

中华人民共和国成立后，政务院于 1950 年颁布了《保障发明权与专利权暂行条例》。1953 年，国家批准了新中国第一项有效期为 5 年的发明——“侯氏制碱法”，该发明权由我国著名化学家侯德榜先生所有。1963 年，国务院颁布的《发明奖励条例》取代了《保障发明权与专利权暂行条例》。

1984 年 3 月 12 日，第六届全国人民代表大会常务委员会第四次会议通过了《中华人民共和国专利法》。截至 2021 年，我国对《专利法》共进行了四次修正，分别是：

1992 年 9 月 4 日，第七届全国人民代表大会常务委员会第二十七次会议通过了《关于修改〈中华人民共和国专利法〉的决定》，第一次修正了 14 个条款，扩大了专利保护的领域。

2000 年，为了应对我国加入世界贸易组织对专利法提出的新任务、新要求以完全与 TRIPS 协定相适应，8 月 25 日，第九届全国人民代表大会常务委员会第十七次会议通过了《关于修改〈中华人民共和国专利法〉的决定》，第二次修正加大了专利保护的力度，简化审批程序，达到发达国家专利法的保护水平。

2008 年 12 月 27 日，第十一届全国人民代表大会常务委员会第六次会议通过了《关于修改〈中华人民共和国专利法〉的决定》，第三次修正使我国的专利事业正式由过去的“被动接受”转向了“以我为主”的发展之路，拓宽了专利保护的范围，提高了专利保护的标准，加快技术创新的速度。

2020 年 10 月 17 日，第十三届全国人民代表大会常务委员会第二十二次会议通过了《关于修改〈中华人民共和国专利法〉的决定》，第四次修正加强了对专利权人合法权益的保护，促进了专利的实施和运用，完善了专利授权制度，从而增强了创新主体对专利保护的信心，激发了全社会的创新活力，是我国专利制度发展史上一个新的里程碑。

你知道吗

1474 年，威尼斯共和国（简称“威尼斯”）颁布的《发明人法规》，又被称为《威尼斯专利法》，是世界上第一部最接近现代专利制度的法律。威尼斯位于意大利东北部，是距离欧洲中心最近的港口，凭借地理位置上得天独厚的优势，在商业贸易以及制造业等领域发展迅猛，尤其是 15~16 世纪威尼斯的繁盛程度达到巅峰。与此同时，制造业（尤其是当时高利润率的玻璃制造业）为提高产量和质量，改进生产工艺的风潮逐渐形成。然而，随之而来的就是大量生产工艺的抄袭行为，严重影响了技术从业者的创新热情，加剧了行业的焦躁和不安。因此，威尼斯政府为了整顿产业秩序，要求发明人登记并公开其发明技术，并以官方名义向发明人颁发专利，从而保证其改进方案免受同行的侵犯。这就是《威尼斯专利法》的立法宗旨。

作为世界上第一部专注于专利保护的成文法典，其中规定，发明一旦被认定为创新的、实用的，任何人没有发明人的许可，在最长 10 年内，不得以任何形式制造此发明以及与此发明相似的发明。另外，此法典同时对侵权违法的强制措施也进行了规定，一旦有人侵权，发明人有权将其传讯至任何的官方部门，此部门有权强制侵权人赔偿发明人 100 达克特（1 达克特含有 3. 545 克纯度为 99. 47% 的黄金，100 达克特即相当于约 354. 5 克黄金。据估计，1500 年欧洲货币总存量约为 3500 吨黄金、37500 吨白银），并且立即销毁侵权产品。

从上述规定可以看出，《威尼斯专利法》在侵权判定以及侵权赔偿等方面，都显示出现代专利法的雏形。更值得一提的是，威尼斯专利是免费授予的，为专利制度的推广和实施提供了非常大的支撑，专利这种制度也逐渐在威尼斯技术人的心中“生根发芽”，并随着人口流动和贸易发展使得这样的技术保护需求逐渐在其他国家产生，需求的进一步扩大也对立法提出了要求。

三、专利权的主体

专利权的主体，即专利权的关系人，是指依法享有专利的相关权利并承担与此相应的义务的人。专利权的主体所涉及的概念主要包括发明人（设计人）、专利申请人、专利权人、单位、受让人和外国人。

（一）发明人（设计人）

《专利法》所称的发明人或设计人是指对发明创造的实质性特点作出创造性贡献的人。在发明创造过程中，只负责组织工作的人、为物质条件的利用提供方便的人或从事其他辅助工作的人，不是发明人或设计人。

发明人或设计人一定是自然人，没有行为能力的限制。自然人无论是否具有行为能力，都可以进行发明创造或设计活动，未成年人可以成为发明人。例如，如果一名 8 岁的儿童完成了一项符合《专利法》要求的发明创造或设计，那么这名 8 岁的儿童就成为发明人或设计人。

发明人或设计人不一定是专利申请人。例如，当发明人或设计人执行本单位的任务或者主要是利用本单位的物质技术条件完成的发明、实用新型、外观设计，属于职务发明和设计，申请人一般是该单位。

（二）专利申请人

专利申请人，是指就一项发明创造向国务院专利行政部门提出专利申请的人。申请人既可以是自然人，也可以是单位。专利申请人依法向国务院专利行政部门提出专利申请，当专利被授权公告后，专利申请人就转变为专利权人。

发明人和申请人不一致的情况包括：

（1）法律直接将专利申请权赋予发明人以外的其他人，主要是指职务发明创造。

（2）专利申请权转让。发明人以外的其他人通过合同的方式从发明人那里获得就发明创造申请专利的权利，并就该发明提出专利申请。

（3）委托发明。《专利法》第八条规定，两个以上单位或者个人合作完成的发明创造、一个单位或者个人接受其他单位或者个人委托所完成的发明创造，除另有协议的以外，申请专利的权利属于完成或者共同完成的单位或者个人；申请被批准后，申请的单位或者个人为专利权人。

因此，委托方委托受托方进行发明创造，如果合同中明确了权利归属，则依合同，一般发明人为受托方，申请人为委托方；如果合同中没有明确权利归属，按照法律，发明人和申请人都应为受托方。

（4）发明人的继承人通过继承权取得发明创造的专利申请权。

（三）专利权人

专利权人是享有专利权的主体，是依法享有专利权并承担相应义务的人。专利权人和专利申请人在大部分情况下是一致的。能否获得专利权受到多种因素的制约，因此专利申请人未必能成为专利权人。

（四）单位

单位是指在职务发明中，发明人或设计人所在的单位。执行本单位的任务或者主要是利用本单位的物质技术条件所完成的发明创造为职务发明创造。这里所称“本单位”，既包括固定工作单位，也包括临时工作单位。

（五）受让人

受让人是指通过合同或继承而依法取得该专利权的单位或个人。专利申请权和专利权可以转让。专利申请权转让之后，如果获得了专利，那么受让人就是该专利权的主体；专利权转让后，受让人成为该专利权的新主体。

两个以上单位或者个人合作完成发明创造、一个单位或者个人接受其他单位或者个人委托所完成发明创造，如果双方约定发明创造的专利申请权归委托方，那么从其约定，申请被批准后，申请的单位或者个人为专利权人。如果单位或者个人之间没有协议，构成委托开发的，专利申请权以及取得的专利权归受托人，但委托人可以免费实施该专利技术。

继受了专利申请权或专利权后，受让人并不因此而成为发明人、设计人，该发明创造的发明人、设计人也不因发明创造的专利申请权或专利权转让而丧失其特定的人身权利。

(六) 外国人

外国人（包括自然人、企业或其他组织）在我国申请专利和取得专利权，区分不同情况办理。

关于外国人申请专利，我国将外国人分为两类：

(1) 在中国设有经常居所或者营业所的外国人、外国企业或者外国其他组织；

(2) 在中国没有经常居所或者营业所的外国人、外国企业或者外国其他组织。

你知道吗

对于在中国没有经常居所或者营业所的外国人、外国企业或者外国其他组织要求在中国取得专利权的，依据《专利法》第十七条规定的三种情况进行办理。即：

(1) 其所属国同中国签订的协议；

(2) 其所属国与中国共同参加的国际条约；

(3) 依照互惠原则。

在中国没有经常居所或者营业所的外国人、外国企业或者外国其他组织在中国申请专利和办理其他专利事务的，应当委托依法设立的专利代理机构办理。

四、专利权的归属

（一）职务发明创造的权利归属

《专利法》第六条第一款规定，执行本单位的任务或者主要是利用本单位的物质技术条件所完成的发明创造为职务发明创造。职务发明创造申请专利的权利属于该单位，申请被批准后，该单位为专利权人。该单位可以依法处置其职务发明创造申请专利的权利和专利权，促进相关发明创造的实施和运用。

但是该条第三款还规定，利用本单位的物质技术条件所完成的发明创造，单位与发明人或者设计人订有合同，对申请专利的权利和专利权的归属作出约定的，从其约定。

凡是不能被证明为职务发明创造的，即为非职务发明创造。

判断职务发明创造的标准除了《专利法》第六条的规定以外，《中华人民共和国专利法实施细则》（简称《专利法实施细则》）第十二条还进行了明确规定，即：

（1）在本职工作中作出的发明创造；

（2）履行本单位交付的本职工作之外的任务所作出的发明创造；

（3）退休、调离原单位后或者劳动、人事关系终止后 1 年内作出的，与其在原单位承担的本职工作或者原单位分配的任务有关的发明创造。

此外，《专利法实施细则》还解释了《专利法》第六条所称本单位，包括临时工作单位；《专利法》第六条所称本单位的物质技术条件，是指本单位的资金、设备、零部件、原材料或者不对外公开的技术资料等。

案　例

甲公司于2015年3月申请并获得一项发明专利，该专利的发明人为A、B和C。2016年4月公告变更发明人为D、C。B于2014年7月入职甲公司，其曾于2009年10月至2014年6月在乙公司任职，职位是试剂工程师，因个人原因于2014年6月离职乙公司。A于2014年6月入职甲公司，其曾于2010年6月至2014年6月在乙公司任职，职位是结构工程师，于2014年6月离职乙公司。

乙公司向法院提起诉讼，主张乙公司员工A、B离职后不满一年，即以甲公司名义提起涉案专利申请，因该专利申请所涉发明创造与A、B在乙公司的本职工作有关，所以专利申请权应当归乙公司所有。乙公司请求确认涉案专利申请权属于乙公司，且C不是涉案专利申请的发明人。

一审法院经审理认为，涉案发明创造是A、B与乙公司终止劳动关系后一年内作出的，且与其在乙公司任职期间承担的本职工作相关，故涉案专利申请权属于乙公司。后甲公司、A、B不服，向二审法院提起上诉，主张A、B不是涉案专利申请的发明人，涉案发明创造是案外人执行甲公司的任务并主要利用甲公司的物质技术条件完成的发明创造，涉案专利申请权属于甲公司。二审法院经审理认为，员工离开原单位一年内作出的、与原单位本职工作或者分配任务有关的发明创造，是原单位的职务发明创造，专利申请权、专利权属于原单位；即便该发明创造也与该员工在新单位的本职工作或者分配任务有关，新单位亦不能当然因此对该发明创造享有权利。故判决驳回上诉，维持原判。

（二）非职务发明创造的权利归属

《专利法》第六条第二款规定，非职务发明创造，申请专利的权利属于发明人或者设计人；申请被批准后，该发明人或者设计人为专利权人。

《专利法》第七条规定，对发明人或者设计人的非职务发明创造专利申请，任何单位或者个人不得压制。

（三）合作发明创造的权利归属

合作发明创造，是指两个以上单位或者个人合作完成的发明创造，应该根据我国《专利法》第八条以及《民法典》第八百六十条的规定处理：

（1）如果双方另有协议约定专利申请权和专利权的归属的，按约定办理。

（2）如果双方没有约定，合作开发完成的发明创造，申请专利的权利属于合作开发的当事人共有；如果当事人一方转让其共有的专利申请权的，其他各方享有以同等条件优先受让的权利；如果当事人一方声明放弃其共有的专利申请权的，另一方可以单独申请或者其他各方共同申请。申请人取得专利权的，放弃专利申请权的一方可以免费实施该专利。当事人一方不同意申请专利的，另一方或者其他各方不得申请专利。

（四）委托发明创造的权利归属

委托发明是指一个单位或个人接受其他单位或个人委托所完成的发明创造。根据《专利法》第八条以及《民法典》第八百五十九条的规定，专利申请权和专利权的归属应当按照以下规定处理：

（1）如果法律另有规定或双方另有约定的，专利申请权和专利权的归属按法律规定或约定办理。

（2）如果双方没有约定的，则申请专利的权利属于研究开发人，即完成发明创造的人。研究开发人取得专利权的，委托人可以依法实施该专利；研究开发人转让专利申请权的，委托人享有以同等条件优先受让的权利。

案　例

1985年年初，甲大学环境中心某研究室副主任A，应某市环保局邀请研究印染污水处理技术。A一直从事微量元素与健康研究工作，当时分管后勤工作。同年寒假，A在甲大学实验室内利用废旧原料及试纸，对有关厂家提供的印染污水进行实验，完成了“印染污水处理方法及工艺”的发明创造。此后，甲大学就该发明创造向中国专利局申请了职务发明专利，并于1989年12月12日获得专利权。而A认为该发明专利权归属有误，于1990年6月向人民法院提起诉讼，请求判令该发明专利为非职务发明。

经审理，法院认为，A虽然在甲大学环境中心工作，但仅从事微量元素与健康研究工作，当时分管后勤工作，“印染污水处理方法及工艺”研究并非A的本职工作，甲大学既未交付其科研任务，也未予以人力物力投入，因此不属于《专利法》中的“执行本单位任务”；A用来完成发明的构思及验证方法简单，所用工具材料等为市场上常见材料，不属于《专利法》中的“主要利用本单位的物质条件所完成的发明”。

案　例

电脑公司甲与业余发明人乙订立了一份技术开发协议，约定由乙为甲开发完成一项技术，由甲提供开发资金、设备、资料等，并支付乙报酬。在约定的时间内乙完成了合同约定的任务，并按照约定将全部技术资料都交给了甲。此外，乙在完成开发任务的过程中，还开发出一项附属技术V，并以自己的名义就技术V申请专利。甲知道此事后，认为技术V的专利申请权应该归甲所有，因此，甲乙双方就技术V的专利申请权归属发生了争议。

该项附属技术V的专利申请权和专利权应归乙所有。甲与乙签订的技术开发协议为委托开发合同。根据该合同的约定，乙完成并向甲交付了委托开发的技术，全部权利归甲所有。而附属技术V不属于合同约定的开发任务之结果，根据《专利法》的有关规定可知，该项附属技术V的专利申请权和专利权应归乙所有。

五、专利权的客体

专利权的客体是指可以获得《专利法》保护的发明创造，也称《专利法》保护的对象。根据我国《专利法》第二条的规定，发明创造是指发明、实用新型和外观设计。

（一）发明

1. 发明的定义

发明是指对产品、方法或者其改进所提出的新的技术方案。

2. 发明的特点

发明应当具备以下条件：

（1）发明必须是一种技术方案，是对要解决的技术问题所采取的利用了自然规律的技术手段的集合，不能是自然规律本身。科学发现是人类对自然规律本身的新的认识，并非利用，因此，科学发现不属于发明的范畴。

（2）发明通常是自然科学领域的智力成果，文学、艺术和社会科学领域的成果不能构成《专利法》意义上的发明。

3. 发明的类型

根据技术特征的表现形式不同，发明可以分为产品发明和方法发明。

（1）产品发明是由人类技术生产的物（产品、设备）。

（2）方法发明包括有时间过程要素的活动（方法、用途），又可以分为制造方法和使用方法两种类型。比如，对加工方法、制造工艺、测试方法等所作出的发明。

此外，《专利法》保护的发明也可以是对现有产品或方法的改进。例如，对某些技术特征进行新的组合，对某些技术特征进行的新的选择等，只要这种组合或选择产生了相应的技术效果，就满足专利保护关于发明客体的要求。

案　例

王某经营一家私营小百货店，该店处于市场繁华地段，顾客很多。经过多年观察，他发现，各种商品的摆放位置不同会导致销售额的变化。经过进一步研究，王某发明了一种能最大限度增加营业额的商品摆放方法。就此方法，王某向专利局申请专利。

一家公司以“经营方法”申请专利，其将各项商品的进货数、售货数及其差值，以及相应计算出的销售率、潜在资金比率等数值，列在一张专门设计的表格里，使得商品的经营情况一目了然。

这两件专利申请都不满足关于发明客体的要求。《专利法》

所指的发明需要运用自然规律，是能够解决人类生产生活某一领域特定技术问题的技术方案，上述两种方法没有利用自然规律，纯粹是人为的安排，属于经营管理活动，不能被授予专利权。

（二）实用新型

1. 实用新型的定义

实用新型，是指对产品的形状、构造或者其结合所提出的适于实用的新的技术方案。

2. 实用新型的特点

实用新型应当具备以下两个特征：

（1）实用新型必须是一种具有一定形状或构造的产品，如仪器、设备、用具或日用品等，不能是一种方法，也不能是没有固定形状的产品。

（2）实用新型必须具有实用价值和一定的创新性。实用新型对创造性的要求一般不太高，因此，现实生活中一般的小发明、小创造均会选择实用新型方式进行保护。实用新型创造性的要求与发明相比较弱。

3. 实用新型和发明之间的区别

（1）保护客体不同。实用新型只保护具有一定形状和构造的产品，不保护方法、用途和新材料等对象；而发明保护产品、方法和用途。

（2）审查标准不同。实用新型审查环节目前不评价创造性，仅对明显不具有新颖性进行审查，即使在无效宣告审查程序中最多使用两篇对比文件结合评价创造性；发明需要评价新颖性和创造性，且可使用多篇对比文件结合评价创造性。

（3）审查程序不同。实用新型目前仅需经过初步审查；发明需要经过初步审查和实质审查两个环节。

（4）审查周期不同。实用新型的审查周期大概需要 6~10 个月；发明的审查周期为 1~3 年（预审案件除外）。

（5）保护年限不同。实用新型保护期限是 10 年；发明保护期限是 20 年。

你知道吗

以下的发明创造不能被授予实用新型专利权：

（1）一切方法，包括产品的制造方法、使用方法、计算机程序以及将产品用于特定用途，例如，轮毂的制造方法、工作间的除尘方法或数据处理方法等。

一种木质牙签，主体形状为圆柱形，端部为圆锥形，其特征在于：木质牙签加工成形后，浸泡于医用杀菌剂中 3~15 分钟，然后取出晾干。虽然该权利要求包含形状、构造特征，但是还包含了对方法本身提出的改进，因而不属于实用新型专利保护的客体。

（2）无确定形状的产品。例如，气态、液态、粉末状、颗粒状的物质或材料，其形状不能作为实用新型产品的形状特征。除此之外，应当注意的是：第一，不能以生物的或者自然形成的形状作为产品的形状特征。例如，不能以植物盆景中植物生长所形成的形状作为产品的形状特征，也不能以自然形成的山体形状作为产品的形状特征。第二，不能以摆放、堆积等方法获得的非确定的形状作为产品的形状特征。第三，允许产品中的某个技术特征为无确定形状的物质，如气态、液态、粉末状、颗粒状物质，只要其在该产品中受该产品结构特征的限制即可。例如，对温度计的形状构造所提出的技术方案中允许写入无确定形状的酒精。第四，产品的形状可以是在某种特定情况下所具有的确定的空间形状。例如，具有新颖形状的冰杯、降落伞等。

(3) 在产品的构造中，物质的分子结构、组分、金相结构等不属于实用新型专利给予保护的产品的构造。例如，仅改变焊条药皮组分的电焊条。

如果权利要求包含材料特征，则要看材料是已知的，还是对材料本身提出的改进。例如：①复合木地板、塑料杯、记忆合金制成的心脏导管支架，这些均可以作为实用新型的保护客体。②一种心形药片，其特征在于该药片是由10%的A组分、30%的B组分及60%的C组分构成的，这不属于实用新型专利保护的客体。

(4) 产品的形状以及表面的图案、色彩或者其结合的新方案没有解决技术问题的，不属于实用新型专利保护的客体。例如：仅改变按键表面文字、符号的电脑或手机键盘；以十二生肖图形为装饰的刀具；仅以表面图案设计为区别特征的棋类、牌类，如古画扑克等。

发明、实用新型和外观设计是不同的发明创造，被授予专利的形式也是不同的，但彼此之间有密切的关系。我国《专利法实施细则》第三十二条规定，申请人要求本国优先权，在先申请是发明专利申请的，可以就相同主题提出发明或者实用新型专利申请，在先申请是实用新型专利申请的，可以就相同主题提出实用新型或发明专利申请。这一规定表明，就某项发明创造提出发明专利申请后，可以将这种主题申请换成实用新型专利申请，或者提出实用新型专利申请后，可以将这项主题换成发明专利申请。由此可见，专利类型在一定条件下是可以互换的，但只能授予一项专利权。

（三）外观设计

外观设计，是指对产品的整体或者局部的形状、图案或者其结合以及色彩与形状、图案的结合所作出的富有美感并适于工业应用的新设计。

外观设计的特征包括以下方面：

（1）外观设计必须是对产品的外观所做的设计；

（2）外观设计必须以产品为载体；

（3）外观设计能应用于产业上并形成批量生产，不能重复生产的手工艺品、农产品、畜产品、自然物不能作为外观设计的载体；

（4）外观设计需要富有美感。

你知道吗

多数国家不要求外观设计必须具有美感，如美国、英国等。我国和日本等则要求外观设计必须是通过视觉能引起美感的设计。

由于外观设计专利保护客体与著作权制度中的实用艺术作品较为接近，而著作权的保护期限至少为50年，因此一些主流国家往往也给外观设计设立了较长的保护期限。例如，德国为20年，韩国为20年，英国为25年，美国为15年，等等，我国《专利法》之前的保护期限为10年，但是根据2020年第四次修正，自2021年6月1日起申请的外观设计专利保护期限延长至15年。

六、不授予专利权的情形

授予专利权的发明创造一方面能付诸于实际产业应用，提高创新能力，另一方面可以促进我国科技的进步和社会经济的发展。考虑到国家和社会利益，《专利法》对专利保护的范围作出了限制性规定，体现在《专利法》第五条和第二十五条。

（一）根据《专利法》第五条的规定不授予专利权的情形

根据《专利法》第五条的规定：

对违反法律、社会公德或者妨害公共利益的发明创造，不授予专利权。

对违反法律、行政法规的规定获取或者利用遗传资源，并依赖该遗传资源完成的发明创造，不授予专利权。

案 例

某公司向中国专利局提出一件专利申请，发明名称为：热可溶性粉末的定像方法。该发明为了使调色涂料定像在介质中，使用了高温液态金属。审查意见认为：该申请所使用的高温液态金属，会产生重金属蒸汽，即使浓度很低，也是对人体极为有害的。但是在说明书中，却丝毫没有谈到如何防止这种重金属蒸汽扩散。该发明的方法会对公共卫生产生极为不利的影响，妨害了公共利益，因此，不能被授予专利权。

你知道吗

《专利法》所称遗传资源，是指取自人体、动物、植物或者微生物等含有遗传功能单位并具有实际或者潜在价值的材料；《专利法》所称依赖遗传资源完成的发明创造，是指利用了遗传资源的遗传功能完成的发明创造。

就依赖遗传资源完成的发明创造申请专利的，申请人应当在请求书中予以说明，并填写国务院专利行政部门制定的表格。

（二）根据《专利法》第二十五条规定不授予专利权的客体

根据我国《专利法》第二十五条的规定，对下列各项，不授予专利权。

1. 科学发现

科学发现，是指对自然界中客观存在的物质、现象、变化过程及其特性和规律的揭示。科学理论是对自然界认识的总结，是更为广义的发现。它们都属于人们认识的延伸。例如，一颗新发现的小行星；发现卤化银在光照下有感光特性，这种发现不能被授予专利权，但是根据这种发现制造出的变色眼镜以及此变色眼镜的制造方法则可以被授予专利权。

人们从自然界找到以天然形态存在的物质，仅仅是一种发现，属于《专利法》第二十五条第一款第一项规定的“科学发现”，不能被授予专利权。但是，如果是首次从自然界分离或提取出来的物质，其结构、形态或者其他物理化学参数是现有技术中不曾认识的，并能被确切地表征，且在产业上有利用价值，则该物质本身以及取得该物质的方法均可依法被授予专利权。

案　例

王某向中国专利局提出了“天体（地球、月、日）物理仪器”的发明专利申请，其说明书和权利要求书都是在阐述天体运动的理论，并没有对天体物理仪器进行任何说明。这属于科学发现范畴，不属于《专利法》保护的客体。

你知道吗

很多发明是建立在发现的基础之上的，进而发明又促进了发现。发明与发现的这种密切关系在化学物质的“用途发明”上表现得最为突出，当发现某种化学物质的特殊性质之后，利用这种特殊性质的“用途发明”便应运而生。

2. 智力活动的规则和方法

智力活动，是指人的思维运动，它源于人的思维，经过推理、分析和判断产生出抽象的结果，或者必须经过人的思维运动作为媒介，间接地作用于自然产生结果。智力活动的规则和方法是指导人们进行思维、表述、判断和记忆的规则和方法。由于其没有采用技术手段或者利用自然规律，也未解决技术问题和产生技术效果，因而不构成技术方案。

它既不符合《专利法》第二条第二款的规定，又属于《专利法》第二十五条第一款第二项规定的不授权的客体。因此，指导人们进行这类活动的规则和方法不能被授予专利权。

你知道吗

属于智力活动的规则和方法而不能授予专利权的常见例子如下：

审查专利申请的方法；

组织、生产、商业实施和经济等方面的管理方法及制度；

交通行车规则、时间调度表、比赛规则；

演绎、推理和运筹的方法；

图书分类规则、字典的编排方法、情报检索的方法、专利分类法；

日历的编排规则和方法；

仪器和设备的操作说明；

各种语言的语法、汉字编码方法；

计算机的语言及计算规则；

速算法或口诀；

数学理论和换算方法；

心理测验方法；

教学、授课、训练和驯兽的方法；

各种游戏、娱乐的规则和方法；

统计、会计和记账的方法；

乐谱、食谱、棋谱；

锻炼身体的方法；

疾病普查的方法和人口统计的方法；

信息表述方法；

计算机程序本身。

3. 疾病的诊断和治疗方法

疾病的诊断和治疗方法，是指以有生命的人体或者动物体为直接实施对象，进行识别、确定或消除病因或病灶的过程。

出于人道主义的考虑和社会伦理的原因，医生在诊断和治疗过程中应当有选择各种方法和条件的自由。另外，这类方法直接以有生命的人体或动物体为实施对象，无法在产业上利用，不属于《专利法》意义上的发明创造。因此疾病的诊断和治疗方法不能被授予专利权。

诊断方法，是指为识别、研究和确定有生命的人体或动物体病因或病灶状态的过程。

治疗方法，是指为使有生命的人体或动物恢复或获得健康或减少痛苦，进行阻断、缓解或者消除病因或病灶的过程。其包括以治疗为目的或者具有治疗性质的各种方法。预防疾病或者免疫的方法视为治疗方法。

但是，用于实施疾病诊断和治疗方法的仪器或装置，以及在疾病诊断和治疗方法中使用的物质或材料属于可被授予专利权的客体。

案　例

某人研制出一种脉冲电刺激人体穴位治疗疾病的方法，其中还谈到了治疗疾病的理论根据，拟申请发明专利。由于该方法是一种疾病的治疗方法，方法中以人体为直接实施对象，不能够在产业上应用，不属于《专利法》可以授权的客体。但如果是一种脉冲电刺激人体穴位治疗仪器，则属于《专利法》可以授权的客体。

你知道吗

以下几类方法是不属于诊断方法的例子：

（1）在已经死亡的人体或动物体上实施的病理解剖方法；

（2）直接目的不是获得诊断结果或健康状况，而只是从活的人体或动物体获取作为中间结果的信息的方法，或处理该信息（形体参数、生理参数或其他参数）的方法；

（3）直接目的不是获得诊断结果或健康状况，而只是对已经脱离人体或动物体的组织、体液或排泄物进行处理或检测以获取作为中间结果的信息的方法，或处理该信息的方法。

对上述（2）和（3）项需要说明的是，只有当根据现有技术中的医学知识和该专利申请公开的内容从所获得的信息本身不能够直接得出疾病的诊断结果或健康状况时，这些信息才能被认为是中间结果。

4. 动物和植物品种

动物和植物是有生命的物体，根据《专利法》第二十五条第一款第四项的规定，动物和植物品种不能被授予专利权。但动植物品种的生产方法，可以依照《专利法》的规定授予专利权。这里所说的生产方法是指非生物学的方法，不包括生产动物和植物的主要是生物学的方法。

一种方法是否属于"主要是生物学的方法"，取决于在该方法中人的技术介入程度。如果人的技术介入对该方法所要达到的目的或者效果起了主要的控制作用或者决定性作用，则这种方法不属于"主要是生物学的方法"。例如，采用辐照饲养法生产高产牛奶的乳牛的方法、改进饲养方法生产瘦肉型猪的方法等属于可被授予发明专利权的客体。

你知道吗

动物和植物品种可以通过《专利法》以外的其他法律法规

给予保护。例如，植物新品种可以通过《植物新品种保护条例》(1997 年 3 月 20 日中华人民共和国国务院令第 213 号公布，2013 年 1 月 31 日第一次修订，2014 年 7 月 29 日第二次修订）给予保护。

5. 原子核变换方法以及用原子核变换方法获得的物质

(1) 原子核变换方法

原子核变换方法，是指使一个或几个原子核经分裂或者聚合，形成一个或几个新原子核的过程。

原子核变换方法以及用该方法所获得的物质关系到国家的经济、国防、科研和公共生活的重大利益，不宜为单位或私人垄断，因此不能被授予专利权。

原子核变换方法不能被授予专利权，但为实现核变换方法的各种设备、仪器及其零部件等，均属于可被授予专利权的客体。为实现原子核变换而增加粒子能量的粒子加速方法（如电子行波加速法、电子驻波加速法、电子对撞法、电子环形加速法等)，不属于原子核变换方法，而属于可被授予发明专利权的客体。

(2) 用原子核变换方法获得的物质

用原子核变换方法获得的物质，主要是指用加速器、反应堆以及其他核反应装置生产、制造的各种放射性同位素，这些同位素不能被授予发明专利权。

但是这些同位素的用途以及使用的仪器、设备属于可被授予专利权的客体。

6. 对平面印刷品的图案、色彩或者二者的结合作出的主要起标识作用的设计

如果一件外观设计专利申请同时满足下列三个条件，则认为所述申请属于本规定的不授予专利权的情形：

（1）使用外观设计的产品属于平面印刷品；

（2）该外观设计是针对图案、色彩或者二者的结合而作出的；

（3）该外观设计主要起标识作用。

第二节　授予专利权的条件

一、发明和实用新型

根据《专利法》第二十二条的规定，授予专利权的发明和实用新型，应当具备新颖性、创造性和实用性。这三个条件是授予发明和实用新型的实质条件，任何一个条件不满足都不能获得专利权。

（一）实质要件

1. 新颖性

（1）《专利法》第二十二条第二款规定，新颖性，是指该

发明或者实用新型不属于现有技术；也没有任何单位或者个人就同样的发明或者实用新型在申请日以前向国务院专利行政部门提出过申请，并记载在申请日以后公布的专利申请文件或者公告的专利文件中。

(2) 现有技术：新颖性的判断是以“现有技术”作为标准的。

根据《专利法》第二十二条第五款的规定，现有技术是指申请日以前在国内外为公众所知的技术。现有技术包括在申请日（有优先权的，指优先权日）以前在国内外出版物上公开发表、在国内外公开使用或者以其他方式为公众所知的技术。

①时间界限：现有技术的时间界限是申请日，享有优先权的，则指优先权日。广义上说，申请日以前公开的技术内容都属于现有技术，但申请日当天公开的技术内容不包括在现有技术范围内。

②公开方式：现有技术公开方式包括出版物公开、使用公开和以其他方式公开三种，均无地域限制。

a）出版物公开：《专利法》意义上的出版物是指记载有技术或设计内容的独立存在的传播载体，并且应当表明或者有其他证据证明其公开发表或出版的时间。

符合上述含义的出版物可以是各种印刷的、打字的纸件，例如，专利文献、科技杂志、科技书籍、学术论文、专业文献、教科书、技术手册、正式公布的会议记录或者技术报告、报纸、产品样本、产品目录、广告宣传册等；也可以是用电、光、磁、照相等方法制成的视听资料，例如，缩微胶片、影片、照相底片、录像带、磁带、唱片、光盘等；还可以是以其他形式存在的资料，例如，存在于互联网或其他在线数据库中的资料等。

出版物不受地理位置、语言或者获得方式的限制，也不受年代的限制。出版物的出版发行量多少、是否有人阅读过、申请人是否知道，都不影响其出版物的属性。

印有“内部资料”“内部发行”等字样的出版物，确系在特定范围内发行并要求保密的，不属于公开出版物。

b）使用公开：由于使用而导致技术方案的公开，或者导致技术方案处于公众可以得知的状态，这种公开方式称为使用公开。

使用公开的方式包括能够使公众得知其技术内容的制造、使用、销售、进口、交换、馈赠、演示、展出等方式。只要通过上述方式使有关技术内容处于公众想得知就能够得知的状态，就构成使用公开，而不取决于是否有公众得知。例如，如果使用公开的是一种产品，即使所使用的产品或者装置需要经过破坏才能够得知其结构和功能，也仍然属于使用公开。此外，使用公开还包括放置在展台上、橱窗内公众可以阅读的信息资料及直观资料，例如，招贴画、图纸、照片、样本、样品等。

c）以其他方式公开，主要是指口头公开等。例如，口头交谈、报告、讨论会发言、广播、电视、电影等能够使公众得知技术内容的方式。

口头交谈、报告、讨论会发言以其发生之日为公开日。公众可接收的广播、电视或电影的报道，以其播放日为公开日。

案　例

甲公司与乙公司订立合同，由甲公司设计建造新式住宅。之后乙公司完成了一件“建筑物的构造装置”的发明，并实施于其1987年建成的住宅之中，同日交付甲公司。1988年，该公司就该技术提出中国专利申请，但专利局以“该发明在申请日前已经在国内公开使用，丧失了新颖性”为理由驳回。

虽然本发明的技术内容只有部分技术人员知道，但合同交付时，乙公司应将各种资料交给甲公司，并将该建筑物交付甲公司，甲公司已经公开使用，该发明处于不特定人可以得知其详情的状态，属于“使用公开”。

(3) 抵触申请

抵触申请所涉及的新颖性问题并非由于现有技术的公开而导致一个发明不具备新颖性，而是由任何单位或者个人就同样的发明或者实用新型在申请日以前向专利局提出并且在申请日以后（含申请日）公布的专利申请文件或者公告的专利文件损害该申请日提出的专利申请的新颖性。简言之，在判断新颖性时，将这种损害新颖性的专利申请称为抵触申请。

(4) 不丧失新颖性的宽限期

根据《专利法》第二十四条的规定，申请专利的发明创造在申请日（享有优先权的指优先权日）以前六个月内，有下列情形之一的，不丧失新颖性：

①在国家出现紧急状态或者非常情况时，为公共利益目的首次公开的；

②在中国政府主办或者承认的国际展览会上首次展出的；

③在规定的学术会议或者技术会议上首次发表的；

④他人未经申请人同意而泄露其内容的。

你知道吗

专利权是一项独占权，一项发明创造只能被授予一项专利权。抵触申请是为了排除一项相同的发明存在两项不同的专利，因此抵触申请仅涉及新颖性的问题，而且抵触申请也不可能被作为后一份发明创造的参考资料，所以不涉及创造性的问题。

2. 创造性

《专利法》第二十二条第三款规定的创造性，是指与现有技术相比，该发明具有突出的实质性特点和显著的进步，该实用新型具有实质性特点和进步。

创造性在国外专利法中称为“非显而易见性”。

创造性的判断比较困难，主要有以下标准：

（1）时间标准

创造性是相对的概念，是与现有技术相比，而“现有技术”的判断标准与新颖性中的判断相同，判断创造性的时间以申请日为准，如果享有优先权的话，以优先权日为准。在判断创造性时，将发明与多篇现有技术的文献相比较，对现有技术整体上加以考虑。

（2）人员标准

发明的创造性是由人来判断的，但是每个人都带有主观性。一项发明，对于一个普通人也许是了不起的，但是对于一个本领域中的专家或一个学识渊博的人也许就是微不足道的，因此，我们需要一个客观的、不带主观意志和偏见的人，这个人在各国专利法上被称为“所属技术领域的技术人员”。

所属技术领域的技术人员，也可称为本领域的技术人员，是指一种假设的“人”，假定他知晓申请日或者优先权日之前发明所属技术领域所有的普通技术知识，能够获知该领域中所有的现有技术，并且具有应用该日期之前常规实验手段的能力，但他不具有创造能力。

（3）技术标准

发明有突出的实质性特点，是指对所属技术领域的技术人员来说，发明相对于现有技术是非显而易见的。如果发明是所属技术领域的技术人员在现有技术的基础上仅仅通过合乎逻辑的分析、推理或者有限的试验可以得到的，则该发明是显而易见的，也就不具备突出的实质性特点。

发明有显著的进步，是指发明与现有技术相比能够产生有益的技术效果。例如，发明克服了现有技术中存在的缺点和不足，或者为解决某一技术问题提供了一种不同构思的技术方案，或者代表某种新的技术发展趋势。

实用新型现今还不进行实质审查，因此对实用新型创造性的判断，只有在对实用新型专利权提出无效请求时才可能涉及。

你知道吗

指南针、造纸术、活字印刷术和火药，不仅是中国的四大发明，还是人类技术史上的开拓性发明。此外，蒸汽机、白炽灯、雷达等都是开拓性发明，它们为人类科学技术在一定时期的发展开创了新纪元。

为确保专利制度的正常运作，不能剥夺公众使用已公开技术的自由，国家授予专利权人一定期限的独占权，是因为他提供了新的有用的技术方案，丰富了人类科学技术的宝库。因此授予的专利独占权应当仅限于其新的技术方案，不能将已公开技术也囊括在专利权范围之内，否则就会损害公众的利益，影响社会的正常秩序，对科学技术的推广应用和社会发展产生阻碍作用。

3. 实用性

《专利法》第二十二条第四款规定的实用性，是指该发明或者实用新型能够制造或者使用，并且能够产生积极效果。

实用性一般具备以下三个条件：

（1）属于对技术问题的解决方案；

（2）具有再现性，具有在产业上制造和使用的现实可能性；

（3）具有有益性，能够产生有益的效果。

违背能量守恒定律的发明或者实用新型专利申请的主题，例如永动机，必然是不具实用性的。

案　例

某申请人向中国专利局提交了名称为“全封闭式环形列车摩擦动力装置”的发明专利申请，经专利局审查，以该专利申请不符合有关实用性规定的理由驳回。申请人不服，在法定期限内向原专利复审委员会提出复审请求，原专利复审委员会在复审程序中，按照《专利法》及其实施细则有关规定进行审查后认为，该专利申请不符合能量守恒定律，其通过增加摩擦力或摩擦力矩来提高输出功率的构思不可能实现，因此不符合《专利法》第二十二条规定的实用性，遂作出复审决定，维持专利局对该专利申请的驳回决定。

（二）其他要求

（1）权利要求书。权利要求书应当以说明书为依据，清楚、简要地限定要求专利保护的范围。

（2）说明书。说明书应当对发明或者实用新型作出清楚、完整的说明，以所属技术领域的技术人员能够实现为准；必要的时候，应当有附图。

（3）说明书附图。说明书附图是实用新型专利申请的必要文件，发明专利申请如有必要也应当提交附图。附图应当用制图工具和黑色墨水绘制，线条应当均匀清晰，并不得涂改。

（4）说明书摘要及摘要附图。

说明书摘要应当写明发明或者实用新型专利申请所公开内

容的概要，即写明发明或者实用新型的名称和所属技术领域，并清楚地反映所要解决的技术问题、解决该问题的技术方案的要点以及主要用途。摘要文字部分不得超过300个字。摘要中不得使用商业性宣传用语。

说明书摘要可以包含最能说明发明的化学式；有附图的专利申请，还应当提供一幅最能说明该发明或者实用新型技术特征的附图。

你知道吗

权利要求书是衡量专利权是否区别于现有技术，即一项发明是否具备新颖性和创造性的基础。新颖性和创造性的判断以权利要求表达的技术方案为准，而不是以说明书记载的内容为准。

说明书的内容很庞大，其中往往包括了现有技术，其功能在于向公众传播信息，与一般的科技文献相类似。权利要求书用于确定专利权的保护范围，为社会公众和司法、行政机关确定什么是受到专利保护的技术方案，是一种特殊的法律文件。

二、外观设计

（一）实质要件

1. 外观设计的规定

根据《专利法》第二十三条的规定，授予专利权的外观设计，应当不属于现有设计；也没有任何单位或者个人就同样的外观设计在申请日以前向国务院专利行政部门提出过申请，并记载在申请日以后公告的专利文件中。

授予专利权的外观设计与现有设计或者现有设计特征的组合相比，应当具有明显区别。

授予专利权的外观设计不得与他人在申请日以前已经取得的合法权利相冲突。

本法所称现有设计，是指申请日以前在国内外为公众所知的设计。

合法权利，是指依照中华人民共和国法律享有并且在涉案专利申请日仍然有效的权利或者权益，包括商标权、著作权、企业名称权（包括商号权）、肖像权以及知名商品特有包装或者装潢使用权等。

2. 新颖性的判断

外观设计的新颖性判断采用的是“现有设计+抵触申请”模式。现有设计的公开标准以及抵触申请都与发明和实用新型类似。

（1）相同

外观设计相同，是指涉案专利与对比设计是相同种类产品的外观设计，并且涉案专利的全部外观设计要素与对比设计的相应设计要素相同，其中外观设计要素是指形状、图案以及色彩。如果涉案专利与对比设计仅属于常用材料的替换，或者仅存在产品功能、内部结构、技术性能或者尺寸的不同，而未导致产品外观设计的变化，二者仍属于相同的外观设计。

（2）实质相同

外观设计实质相同的判断仅限于相同或者相近种类的产品外观设计。相近种类的产品是指用途相近的产品。

如果一般消费者经过对涉案专利与对比设计的整体观察可以看出，二者的区别仅属于下列情形，则涉案专利与对比设计实质相同：

①其区别在于施以一般注意力不能察觉到的局部的细微差异；

②其区别在于使用时不容易看到或者看不到的部位，但有证据表明在不容易看到部位的特定设计对于一般消费者能够产生引人瞩目的视觉效果的情况除外；

③其区别在于将某一设计要素整体置换为该类产品的惯常设计的相应设计要素；

④其区别在于将对比设计作为设计单元按照该种类产品的常规排列方式作重复排列或者将其排列的数量作增减变化；

⑤其区别在于互为镜像对称。

3. 明显区别

这一规定是《专利法》第三次修正时增加的，提升了我国外观设计专利的质量。

涉案专利与现有设计或者现有设计特征的组合相比不具有明显区别是指如下几种情形：

（1）涉案专利与相同或者相近种类产品现有设计相比不具

有明显区别；

（2）涉案专利是由现有设计转用得到的，二者的设计特征相同或者仅有细微差别，且该具体的转用手法在相同或者相近种类产品的现有设计中存在启示；

（3）涉案专利是由现有设计或者现有设计特征组合得到的，所述现有设计与涉案专利的相应设计部分相同或者仅有细微差别，且该具体的组合手法在相同或者相近种类产品的现有设计中存在启示。

对于涉案专利是由现有设计通过转用和组合之后得到的，应当依照（2）、（3）所述规定综合考虑。

应当注意的是，上述转用和/或组合后产生独特视觉效果的除外。

4. 不得与他人在先取得的合法权利相冲突

这一规定是《专利法》第二次修正时增加的，主要目的是解决实践中出现的外观设计专利权和商标专用权、著作权等之间的冲突问题。在实践中，有些外观设计专利申请人未经许可，将他人的商标或美术作品结合自己的产品申请外观设计专利；而由于外观设计只设初步审查程序，这些申请往往在符合形式条件的情况下，就能够获得专利权。这种情况下，外观设计专利权与商标专用权、著作权等之间会产生权利冲突。

（二）形式要件

申请外观设计专利的，应当提交请求书、该外观设计的图片或者照片以及对该外观设计的简要说明等文件。

申请人提交的有关图片或者照片应当清楚地显示要求专利保护的产品的外观设计。

你知道吗

《专利法》规定的不丧失新颖性的四种情况，同样适用于外观设计。

《专利法》第六十四条第二款规定，外观设计专利权的保护范围以显示在图片或照片中的该外观设计专利产品为准。

申请外观设计所应当提交的申请文件中，不包括权利要求书。这是外观设计专利和发明、实用新型的重要区别，因此，在判断是否侵犯外观设计专利权的时候，应将申请中提供的图片或照片中表达的外观设计产品与已知产品进行比较。

司法实践中，通常是以产品的功能、用途作为标准，同时参考国际外观设计分类表（即洛迦诺分类表）的分类。如果外观设计专利产品与被控侵权产品在功能、用途上是相同的，就可以确定二者是相同或者类似商品，并继续进行后续的比较。如果二者在功能、用途上不相同，可以认定二者既不是相同商品，也不是类似商品，则可以直接认定专利侵权不成立。

以普通消费者的眼光，对被授予专利的外观设计与被控侵权产品的外观设计进行整体观察，综合判断。经过对比，可能出现以下三种结果：

（1）被控侵权产品的外观设计与专利外观设计完全相同，

认定前者落入了专利权的保护范围，专利侵权成立；

(2) 被控侵权产品的外观设计与专利外观设计在整体视觉效果上无实质性差异的，整体上属于近似，可能根据等同原则，也认定专利侵权成立；

(3) 被控侵权产品的外观设计与专利外观设计在整体上既不相同，也不近似，认定被控侵权产品没有落入专利权的保护范围，专利侵权不成立。

第三节　专利申请

一项发明创造为取得专利权，除了必须满足《专利法》规定的授予专利权的条件外，还必须根据《专利法》的规定提出申请，履行各种手续，并符合专利申请文件的格式要求。主要包括申请人的资格、申请文件的准备和申请手续的履行等。

一、专利申请的原则

(一) 先申请原则

专利权是一项独占权，一项发明创造只能被授予一项专利权。所谓先申请原则，即两个以上的申请人分别就同样的发明创造申请专利的情况下，对最先提出申请的申请人授予专利权。

先申请的判断原则是专利申请日。两个以上的申请人在同一申请日分别就同样的发明创造申请专利的，应当在收到国务院专利行政部门的通知后自行协商确定，或者共同申请，或者转让给其中一方。如果协商不成，均不予授权。如果当事人要求优先权的，以优先权日为准。

（二）单一性原则

一件发明或者实用新型专利申请应当限于一项发明或者实用新型。属于一个总的发明构思的两项以上的发明或者实用新型，可以作为一件申请提出。

一件外观设计专利申请应当限于一项外观设计。同一产品两项以上的相似外观设计，或者用于同一类别并且成套出售或者使用的产品的两项以上外观设计，可以作为一件申请提出。

单一性原则，主要是便于对专利申请进行分类、检索和审查。在专利权授予后，也便于专利权的转让和专利许可合同的签订。

（三）书面申请原则

申请人提出专利申请，办理各种手续都应当采用书面形式。一方面，专利申请是一项要求非常高的专业性的活动，涉及专业领域的知识，为了保证申请人的利益，有必要采用书面的形式。另一方面，从立法宗旨出发，授予专利权的前提是权利人向社会公开其技术方案，为了保证社会的公共利益，也要求专利申请必须采用书面的形式。

申请发明或者实用新型专利的，应当提交请求书、说明书及其摘要和权利要求书等文件。

申请外观设计专利的，应当提交请求书、该外观设计的图片或者照片以及对该外观设计的简要说明等文件。

你知道吗

科学发明虽然不能申请专利，但先申请或先发表的原则也非常重要。例如，2014年，诺贝尔化学奖授予埃里克·贝齐格、斯特凡·W. 赫尔和威廉姆·埃斯科·莫尔纳尔。但是，华裔女科学家庄小威同时发表的相同的研究论文却没有获奖。这是为什么呢？根据诺贝尔化学奖评选委员会的介绍，美国的埃里克·贝齐格获奖的理由是发明了PALM（photo activated localization microscopy，光激活定位显微）这种超分辨率显微镜技术，其相关论文发表于2006年8月10日。然而庄小威的物理原理相同的论文发表于2006年8月9日。但诺贝尔化学奖在其官方解释《2014年诺贝尔化学奖科学背景知识——超分辨率显微镜》中却明确表示：第一，贝齐格早在1995年就发表了论文，对这一技术提出了理论设想；第二，贝齐格论文的收稿时间要比庄小威早几个月。《科学》杂志是在2006年3月13日收到贝齐格的论文，8月2日通过评审，8月10日在线发表的；而《自然·方法》杂志是在2006年7月7日收到庄小威的论文，7月31日通过评审，8月9日在线发表的。换言之，庄小威的论文虽然发表时间早1天，但投稿时间晚了3个多月。

二、专利申请日和优先权日

（一）申请日

国务院专利行政部门收到专利申请文件之日为申请日。如果申请文件是邮寄的，以寄出的邮戳日为申请日。

（二）优先权日

优先权，是指专利申请人就其发明创造第一次提出专利申请后，在法定期限内，又就相同主题的发明创造提出专利申请的，根据有关法律的规定，其在后申请以第一次申请的日期作为其申请日。专利申请人依法享有的这种权利就是优先权，优先权分外国优先权和本国优先权。

优先权可以排斥其第一次申请以后就相同主题提出申请的其他人，而且判断其新颖性和创造性的时间标准也以第一次申请的时间为准。

外国优先权：申请人自发明或者实用新型在外国第一次提出专利申请之日起十二个月内，或者自外观设计在外国第一次提出专利申请之日起六个月内，又在中国就相同主题提出专利申请的，依照该外国同中国签订的协议或者共同参加的国际条约，或者依照相互承认优先权的原则，可以享有优先权。

本国优先权：申请人自发明或者实用新型在中国第一次提

出专利申请之日起十二个月内，或者自外观设计在中国第一次提出专利申请之日起六个月内，又向国务院专利行政部门就相同主题提出专利申请的，可以享有优先权。

申请人要求发明、实用新型专利优先权的，应当在申请的时候提出书面声明，并且在第一次提出申请之日起十六个月内，提交第一次提出的专利申请文件的副本。申请人要求外观设计专利优先权的，应当在申请的时候提出书面声明，并且在三个月内提交第一次提出的专利申请文件的副本。未提出书面声明或者逾期未提交专利申请文件副本的，视为未要求优先权。

优先权是《保护工业产权巴黎公约》规定的一种权利。这种权利是建立在互惠原则基础上的。因此我国《专利法》第二十九条规定，申请人要求外国优先权的，必须以该国同中国签订的协议或者共同参加的国际条约，或者依照相互承认优先权的原则，才可以享有优先权。

你知道吗

由于以下原因，申请日对于专利申请，乃至据此授予的专利权来说非常重要：(1) 先申请原则，两个以上的申请人分别就同样的发明创造申请专利的情况下，对最先提出申请的申请人授予专利权；(2) 评判新颖性和创造性的标准是申请日（或优先权日）；(3) 申请日（优先权日）是对发明专利提出实质审查请求的起算日（3 年内），申请日（优先权日）是发明公布时间的起算日（18 个月期满），申请日（非优先权日）是专利保护期限的起算日，申请日是缴纳专利申请维持费的起算日。

案 例

黑龙江省齐齐哈尔市的王某于1990年4月1日，向中国专利局受理处邮寄名为“保温鞋”的实用新型专利申请文件，邮戳日为1990年4月1日，受理处收到的日期为1990年4月6日。北京市的李某于1990年4月2日向中国专利局递交一份与王某同样内容发明创造的专利申请文件，也是名为“保温鞋”的实用新型专利申请。《专利法》第九条规定“两个以上的申请人分别就同样的发明创造申请专利的，专利权授予最先申请的人”，第二十八条规定，“如果申请文件是邮寄的，以寄出的邮戳日为申请日”。根据上述规定，在专利申请的专利性没有问题的情况下，专利权应当授予王某。

三、专利申请的提出、修改和撤回

(一) 专利的申请

1. 发明和实用新型

按照我国《专利法》第二十六条的规定，申请发明或者实用新型专利的，应当提交请求书、说明书及其摘要和权利要求书等文件。

请求书应当写明发明或者实用新型的名称，发明人的姓名，申请人姓名或者名称、地址，以及其他事项。

说明书应当对发明或者实用新型作出清楚、完整的说明，以所属技术领域的技术人员能够实现为准；必要的时候，应当有附图。

权利要求书应当以说明书为依据，清楚、简要地限定要求专利保护的范围。

依赖遗传资源完成的发明创造，申请人应当在专利申请文件中说明该遗传资源的直接来源和原始来源；申请人无法说明原始来源的，应当陈述理由。

2. 外观设计

按照我国《专利法》第二十七条的规定，申请外观设计专利的，应当提交请求书、该外观设计的图片或者照片以及对该外观设计的简要说明等文件。

申请人提交的有关图片或者照片应当清楚地显示要求专利保护的产品的外观设计。

（二）专利申请的修改

专利申请的修改分为国务院专利行政部门要求的修改和申请人主动进行的修改。

申请文件的修改有实质性要求——不得超范围。申请人可以对其专利申请文件进行修改，但是，对发明和实用新型专利申请文件的修改不得超出原说明书和权利要求书记载的范围，对外观设计专利申请文件的修改不得超出原图片或者照片表示的范围。

你知道吗

申请人主动修改的时机：

(1) 发明：在提出实质审查请求时以及在收到国务院专利行政部门发出的发明专利申请进入实质审查阶段通知书之日起的3个月内，可以对发明专利申请主动提出修改。

(2) 实用新型和外观设计：自申请日起2个月内，可以对实用新型或者外观设计专利申请主动提出修改。

依职权修改：国务院专利行政部门可以自行修改专利申请文件中文字和符号的明显错误。国务院专利行政部门自行修改的，应当通知申请人。这主要是为了帮助申请人尽快完善其专利申请文件，使专利申请尽快达到能授权的标准，审查员可以自行修改专利申请文件中的文字和符号的明显错误。

(三) 专利申请的撤回和视为撤回

1. 撤回

《专利法》第三十二条规定，申请人可以在被授予专利权之前随时撤回其专利申请。

《专利法实施细则》第三十六条规定，申请人撤回专利申请的，应当向国务院专利行政部门提出声明，写明发明创造的名称、申请号和申请日。撤回专利申请的声明在国务院专利行政部门作好公布专利申请文件的印刷准备工作后提出的，申请文件仍予公布；但是，撤回专利申请的声明应当在以后出版的专利公报上予以公告。

如果专利撤回申请是在专利公开以前提出的，在撤回之后，申请人可以重新提出申请，其他人也可以就相同的发明创造提出专利申请。如果撤回是在专利公开以后提出的，则该发明创造已经公开，任何人就此发明提出的申请都会因新颖性和/或创造性被驳回。

2. *视为撤回*

有时候申请人并没有提交撤回申请，但是其对专利法规定的要求不作为，法律法规针对这种情况，视为申请人撤回专利申请。下面是视为撤回的情形：

（1）发明专利申请自申请日起三年内，国务院专利行政部门可以根据申请人随时提出的请求，对其申请进行实质审查；申请人无正当理由逾期不请求实质审查的，该申请即被视为撤回。

（2）发明专利已经在外国提出过申请的，国务院专利行政部门可以要求申请人在指定期限内提交该国为审查其申请进行检索的资料或者审查结果的资料；无正当理由逾期不提交的，该申请即被视为撤回。

（3）国务院专利行政部门对发明专利申请进行实质审查后，认为不符合《专利法》规定的，应当通知申请人，要求其在指定的期限内陈述意见，或者对其申请进行修改；无正当理由逾期不答复的，该申请即被视为撤回。

第四节　专利申请的审查

专利种类不同，专利审查程序也不同。实用新型和外观设计专利的审查程序只采用初步审查制，发明专利的审查程序则是采用“早期公开，延迟审查”的制度。

一、发明专利申请的审查

我国发明专利的审查实行“早期公开，延迟审查”的制度，程序分为初步审查、早期公开、实质审查三个阶段。

(一) 初步审查

国务院专利行政部门收到发明专利申请后，经初步审查认为符合《专利法》要求的，自申请日起满 18 个月，即行公布。国务院专利行政部门可以根据申请人的请求早日公布其申请。

初步审查主要审查该申请是否具备规定的文件和其他必要的文件，这些文件是否符合规定的格式，并审查部门实质性缺陷。主要包括：

(1) 明显实质性缺陷的审查。

(2) 对申请主体以及代理事项的审查，例如，对外国人、企业或组织的审查。

(3) 形式审查，例如，请求书是否使用了规定的表格，填写是否符合规定；申请文件的撰写形式是否符合规定；是否有摘要；说明书有附图的，附图是否符合规定的要求；委托代理机构的是否有委托书，委托书是否符合要求；要求优先权的是否提出申请和提交必要的证明文件；主张不丧失新颖性宽限期的，是否提交证明书；申请费是否缴纳。

(4) 特殊专利申请的审查，例如，对于涉及需要保藏的生物材料的申请，审查其保藏生物材料证明；对于分案申请，核实其原申请日是否一致，发明人、申请人是否一致，不一致的是否有转让证明等。

(二) 早期公开

在初步审查合格后，自申请日起满 18 个月或者应申请人提前公开的请求，公布申请人的发明，将申请内容发表在《发明专利公报》上。早期公开的发明没有经过实质审查，不能授予专利权，但《专利法》为其提供了一种临时保护，即发明专利申请公布后，申请人可以要求实施其发明的单位或个人支付适当的费用。

(三) 实质审查

发明专利申请自申请日起三年内，国务院专利行政部门可以根据申请人随时提出的请求，对其申请进行实质审查。申请人无正当理由逾期不请求实质审查的，该申请即被视为撤回。

国务院专利行政部门认为必要的时候，可以自行对发明专利申请进行实质审查。

1. 实质审查的人员

由专利审查员进行。审查员收到实质审查请求后，依照《专利法》的规定进行专利申请的审查。审查的重点是依据《专利法》第二十二条的规定，审查发明是否具有新颖性、创造性和实用性。专利“三性”的判断是经过审查员检索专利文献和专业期刊等文献之后作出的评价。

2. 实质审查的主要内容

（1）是否属于《专利法》所称的发明；是否会重复授权。

（2）是否违反国家法律、社会公德或者妨碍公众利益，是否属于《专利法》排除的客体。

（3）是否符合新颖性、创造性、实用性的“三性”要求。

（4）说明书是否对发明作出了清楚、完成的说明，以使本领域技术人员能够实现。

（5）权利要求是否以说明书为依据，清楚、简要地限定要求专利保护的范围；独立权利要求是否包含必要技术特征。

（6）是否符合单一性要求。

（7）修改是否超出原申请文件记载的范围。

（8）关于保密审查的要求和遗传资源的要求。

3. 实质审查的结果

实质审查的结果有三种：①发明专利申请经实质审查没有

发现驳回理由的，由国务院专利行政部门作出授予发明专利权的决定，发给发明专利证书，同时予以登记和公告；②国务院专利行政部门对发明专利申请进行实质审查后，认为不符合规定的，应当通知申请人，要求其在指定的期限内陈述意见，或者对其申请进行修改；③发明专利申请经申请人陈述意见或者进行修改后，国务院专利行政部门仍然认为不符合规定的，应当予以驳回。

你知道吗

“早期公开，延迟审查”制度的意义在于：如果申请人认为该专利申请价值不大，或者获得专利权的希望不大，可以不必提出请求进行实质审查。而如果要等到实质审查结束才公开申请的内容，可能会导致他人对同一课题重复研究，重复投资、重复申请的可能性增加，无法很好地发挥专利制度在促进创新方面的作用。

申请人通常希望公布晚一些，以便有更多的时间来最终决定是否公开或为技术的公开做准备。过早公开申请内容有可能伤害申请人的利益。申请人申请一项发明创造后，可能由于某种原因撤回申请，对撤回的专利申请，如果尚未公开，该技术还可以作为技术秘密由其享有，并且日后还可以提出专利申请并获得授权。一旦公开，就进入了公有领域，撤回之后不能就相同的内容获得专利保护。18 个月予以公布是经实践检验较为合理的期限。

初步审查不同于受理处进行的审查，受理处的检查主要检查规定的文件是否齐备；文件是否使用中文撰写；申请人是外国人时是否明显无权申请或应委托专利代理机构而未委托；是否注明申请的类型；申请人的姓名或地址有无遗漏。如果受理，给予申请日和申请号，否则不予受理并通知申请人。初步审查是对文件内容的进一步审查。

申请人可以对其申请提出实质审查，我国《专利法》第三十五条还规定，国务院专利行政部门认为必要的时候，可以自行对发明专利申请进行实质审查。这主要是指申请的主题对国民经济的发展具有十分重要的意义，国家急需决定是否实施该发明，所以需要及时审查，以评定其专利性。

二、实用新型和外观设计专利的审批

对于实用新型和外观设计，我国采取初步审查制度，即只要经过初步审查，没有发现驳回理由的，国务院专利行政部门就作出授予专利权的决定，发给专利证书，并予以登记和公告。

三、专利复审和无效宣告

（一）专利复审

专利申请人对国务院专利行政部门驳回申请的决定不服的，可以自收到通知之日起三个月内向国务院专利行政部门请求复审。国务院专利行政部门复审后，作出决定，并通知专利申请人。

专利申请人对国务院专利行政部门的复审决定不服的，可以自收到通知之日起三个月内向人民法院起诉。

(二) 专利的无效宣告

自国务院专利行政部门公告授予专利权之日起，任何单位或者个人认为该专利权的授予不符合《专利法》有关规定的，可以请求国务院专利行政部门宣告该专利权无效。

专利无效的具体理由包括以下几种。

(1) 是否属于《专利法》所称的发明；是否会重复授权。

(2) 是否违反国家法律、社会公德或者妨碍公众利益；是否属于《专利法》排除的客体。

(3) 发明和实用新型是否符合新颖性、创造性、实用性的“三性”要求，外观设计是否符合新颖性并具有明显区别且不与他人在申请日以前已经取得的合法权利相冲突。

(4) 发明和实用新型的说明书是否对发明作出了清楚、完整的说明，以使本领域技术人员能够实现；权利要求是否以说明书为依据，清楚、简要地限定要求专利保护的范围；独立权利要求是否包含必要技术特征。

(5) 外观设计提交的有关图片或者照片是否清楚地显示要求专利保护的产品的外观设计。

(6) 修改是否超出原申请文件记载的范围。

（7）是否符合关于保密审查的要求。

对国务院专利行政部门宣告专利权无效或者维持专利权的决定不服的，可以自收到通知之日起三个月内向人民法院起诉。人民法院应当通知无效宣告请求程序的对方当事人作为第三人参加诉讼。

你知道吗

宣告无效的专利权视为自始即不存在。

宣告专利权无效的决定，对在宣告专利权无效前人民法院作出并已执行的专利侵权的判决、调解书，已经履行或者强制执行的专利侵权纠纷处理决定，以及已经履行的专利实施许可合同和专利权转让合同，不具有追溯力。但是因专利权人的恶意给他人造成的损失，应当给予赔偿。

依照前款规定不返还专利侵权赔偿金、专利使用费、专利权转让费，明显违反公平原则的，应当全部或者部分返还。

案例

泰山企业股份有限公司（简称泰山公司）将其生产的“仙草蜜”饮品的“草绿色仙草胶冻方块”构成的包装图案及“泰山”文字作为商标在台湾省注册，并于同年生产“八宝粥”。福建长乐市台福食品有限公司（简称台福公司）申请获准“饮料罐体片材（仙草蜜）”外观设计专利和“八宝粥”（罐片材）外观设计专利。台福公司生产的两饮品包装图案、色彩、文字均与泰山公司相似。泰山公司以台福公司的行为构成不正当竞争为由，向法院提起诉讼。

经过福建省高级人民法院一审审理和最高人民法院二审判决，均认为：泰山公司生产的“仙草蜜”和“八宝粥”在早于台福公司申请日以前已在台湾省生产销售，台福公司生产与泰山公司生产相同的产品，其包装图案、色彩、文字结构与泰山公司的相似，足以误导消费者，造成两者混淆。台福公司取得的专利权已被宣告无效，其专利权自始起即不存在，台福公司已构成不正当竞争，侵犯了泰山公司合法权益，给泰山公司造成了一定损害。

第五节　专利权的内容

专利申请经审查（发明专利经实质审查，实用新型和外观设计专利经过初步审查），没有发现驳回理由的，由国务院专利行政部门作出授予专利权的决定，对专利申请人发给专利证书，并予以登记和公告。一旦公告，则专利权正式确定，对其他人具有对抗和排他效力。

一、专利权人的权利

根据《专利法》及其他相关规定，可以将专利权人的权利归纳为以下七个方面。

（一）独占实施权

根据《专利法》第十一条的规定，专利权人的独占实施权包括两个方面：

（1）专利权人自己实施其专利的权利，即专利权人对其专利产品依法享有的进行制造、使用、许诺销售、销售、进口的权利，或者专利权人对其专利方法依法享有的使用权以及对依照该专利方法直接获得的产品的使用、许诺销售、销售、进口的权利。

（2）专利权人禁止他人实施其专利的权利。除《专利法》另有规定的以外，发明和实用新型专利权人有权禁止任何单位或者个人未经许可实施其专利，即不得为生产经营目的制造、使用、许诺销售、销售、进口其专利产品，或者使用其专利方法以及使用、许诺销售、销售、进口依照该专利方法直接获得的产品；外观设计专利权人有权禁止任何单位或者个人未经其许可实施其专利，即不得为生产经营目的制造、许诺销售、销售、进口其外观设计专利产品。

非生产经营目的的实施其专利的行为，不属于禁止权的范围。

“为生产经营目的”不能理解为“以营利为目的”。“为生产经营目的”的范围广于“以营利为目的”。例如，环境保护、气象预报等形式的行为就属于非“以营利为目的”，但如果其实施了市场活动，损害了专利权人市场利益的，仍认定属于“为生产经营目的”。

根据专利类型不同，禁止权的范围也不一样：

对于发明和实用新型中的产品专利，禁止权包括制造、使用、许诺销售、销售、进口该专利产品的权利；

对于发明专利中的方法专利来说，专利权的效力不仅在于方法本身，还涉及该方法直接获得的产品。

案　例

2001 年 6 月，一家厨具厂甲研发的一项抽油烟机实用新型专利获得授权。同年 7 月，乙公司在未经专利权人许可的情况下仿制该抽油烟机成功，并在新产品展示会上将其作为该厂自己的新产品予以展示，并在一家刊物上发布广告，诚招该产品的经销商。同年 9 月，厨具厂甲从刊物上得知该广告，认为乙公司仿制其专利产品并予以展示和做广告的行为侵害了厨具厂甲的专利权，遂向当地专利管理机关提出调停申请。

专利管理机关在调查的基础上，认为乙公司的行为是一种许诺销售行为，构成对厨具厂甲的专利侵权，作出决定：乙公司停止侵权，在刊物上赔礼道歉，并赔偿损失。

（二）转让权

转让权是指专利权人将其获得的专利权转让给他人的权利。《专利法》第十条规定，专利申请权和专利权可以转让。

中国单位或者个人向外国人、外国企业或者外国其他组织转让专利申请权或者专利权的，应当依照有关法律、行政法规的规定办理手续。

转让专利申请权或者专利权的，当事人应当订立书面合同，并向国务院专利行政部门登记，由国务院专利行政部门予以公告。专利申请权或者专利权的转让自登记之日起生效。

因此，专利权转让应当注意：

（1）专利权只能作为一个整体转让，因此专利权人不能将其一件专利的专利权分割转让。

（2）中国专利权人向外国人转让专利权的，必须经国务院有关主管部门批准。

（3）转让专利权的，当事人必须订立书面合同，经国务院专利行政部门登记公告才能生效。

如果专利权是共有的情况，由于专利权共有属于共同共有，专利权的每个权利人都可以将其共有的份额转让，但应当征得其他共有人的同意，其他共有人在同等条件下享有优先购买权。

（三）实施许可权

实施许可权是指专利权人通过实施许可的方式，许可他人实施其专利并收取专利使用费的权利。《专利法》第十二条规定：任何单位或者个人实施他人专利的，应当与专利权人订立实施许可合同，向专利权人支付专利使用费。被许可人无权允许合同规定以外的任何单位或者个人实施该专利。

《专利法实施细则》规定，专利权人与他人订立的专利实施许可合同，应当自合同生效之日起 3 个月内向国务院专利行政部门备案。

(四) 标记权

标记权是指专利权人有权自行决定是否在其专利产品或者该产品的包装上标明专利标记和专利号。《专利法》第十六条规定：专利权人有权在其专利产品或者该产品的包装上标明专利标识。

1. 标注要求

根据《专利标识标注办法》，在授予专利权之后的专利权有效期内，专利权人或者经专利权人同意享有专利标识标注权的被许可人可以在其专利产品、依照专利方法直接获得的产品、该产品的包装或者该产品的说明书等材料上标注专利标识。

在依照专利方法直接获得的产品、该产品的包装或者该产品的说明书等材料上标注专利标识的，应当采用中文标明该产品系依照专利方法所获得的产品。

2. 标注内容

标注专利标识的，应当标明下述内容：

(1) 采用中文标明专利权的类别，例如中国发明专利、中国实用新型专利、中国外观设计专利；

（2）国家知识产权局授予专利权的专利号。

除上述内容之外，可以附加其他文字、图形标记，但附加的文字、图形标记及其标注方式不得误导公众。

3. 未授权时的标注

专利权被授予前在产品、该产品的包装或者该产品的说明书等材料上进行标注的，应当采用中文标明中国专利申请的类别、专利申请号，并标明“专利申请，尚未授权”字样。

（五）请求保护权

请求保护权是专利权人认为其专利权受到侵犯时，有权向人民法院起诉或请求专利管理部门处理以保护其专利权的权利。保护专利权是专利制度的核心，他人未经专利权人许可而实施其专利，侵犯专利权并引起纠纷的，专利权人可以直接向人民法院起诉，也可以请求管理专利工作的部门处理。

（六）放弃权

专利权人可以在专利权保护期限届满前的任何时候，以书面形式声明或以不缴纳年费的方式自动放弃其专利权。《专利法》第四十四条规定：没有按照规定缴纳年费的或专利权人以书面声明放弃其专利权的，专利权在期限届满前终止。专利权在期限届满前终止的，由国务院专利行政部门登记和公告。

放弃专利权时需要注意：第一，在专利权由两个以上单位或个人共有时，必须经全体专利权人同意才能放弃；第二，专利权人在已经与他人签订了专利实施许可合同许可他人实施其专利的情况下，放弃专利权时应当事先得到被许可人的同意，并且还要根据合同的约定，赔偿被许可人由此造成的损失。

（七）质押权

根据《民法典》关于担保的规定，专利权人还享有将其专利权中的财产权进行出质的权利。

二、专利权人的义务

（一）缴纳年费

专利权人应当自被授予专利权的当年开始缴纳年费。

没有按照规定缴纳年费的，专利权在期限届满前终止；专利权在期限届满前终止的，由国务院专利行政部门登记和公告。

（二）不得滥用专利权

不得滥用专利权是指专利权人应当在法律所允许的范围内选择其利用专利权的方式并适度行使自己的权利，不得滥用专利权损害公共利益或者他人合法权益。滥用专利权，排除或者限制竞争，构成垄断行为的，依照《中华人民共和国反垄断法》处理。

第六节 专利权的限制

一、不视为侵犯专利权的情形

根据《专利法》第七十五条的规定，有下列情形之一的，不视为侵犯专利权：

（1）专利产品或者依照专利方法直接获得的产品，由专利权人或者经其许可的单位、个人售出后，使用、许诺销售、销售、进口该产品的。(即专利权用尽原则)

专利权用尽原则是为了保证商品的自由流通和利用。该原则仅限于专利产品或者依照专利方法直接获得的产品，专利方法并不涉及该项原则。此外，许诺销售，不包括他人的直接制造或进口行为。该原则强调的是“售出”后，专利权人不再对产品享有权利。实质上，在实践中对已经售出的专利产品也很难再进行控制。

（2）在专利申请日前已经制造相同产品、使用相同方法或者已经作好制造、使用的必要准备，并且仅在原有范围内继续制造、使用的。(即先用权规则)

先用权原则的限制目的在于平衡专利权人和社会公众的利益，保护先用权人已经付出的劳动和投资，不至于因为该发明创造被他人取得专利权而受到影响。其原因在于我国《专利法》采用的是先申请原则，而专利权在一定期间内具有排他权，如果其他主体在专利申请日之前就已经作出了同样的发明创造，仅因为没有及时申请专利而被禁止继续实施该发明创造，不仅显失公平，还会造成社会资源的浪费和不合理闲置。

（3）临时通过中国领陆、领水、领空的外国运输工具，依照其所属国同中国签订的协议或者共同参加的国际条约，或者依照互惠原则，为运输工具自身需要而在其装置和设备中使用有关专利的。(即临时过境原则)

临时过境原则的限制是为了保障国际的交通自由。适用本规定的前提是外国交通工具的使用者的所属国必须与我国有相应的协议、条约或者互惠，且该运输工具只能是临时通过我国。可见该原则也是我国履行国际公约规定义务的行为。

（4）专为科学研究和实验而使用有关专利的。(即合理使用原则)

需要注意的是，合理使用规则应是在实验室条件下。

（5）为提供行政审批所需要的信息，制造、使用、进口专利药品或者专利医疗器械的，以及专门为其制造、进口专利药品或者专利医疗器械的。(即“博拉例外”原则)

“博拉例外”是对美国《药品价格竞争与专利期补偿法》第 202 条的称谓，最初是为了给仿制药厂商在专利到期前进行临床试验和收集药品审评所需的数据，扩大到除了药品以外的医疗设备，而且只要是为了收集政府审评所需的数据，无论是否具有商业目的，均属于“合理相关”的范畴。

你知道吗

“博拉例外”原则源于一个真实的案例。博拉（Bolar）制药公司是一家仿制药生产公司，而罗氏（Roche）公司是一家以研究新药为重点的公司，其研制成功的名为“Dalmane”（即盐酸氟西泮）的处方安眠药在市场上大获成功，并享有一项将于1984年1月17日到期的专利。博拉公司对于该仿制药极感兴趣，但当时想要获得仿制药的上市批准需要花费超过两年的时间。为了在罗氏公司专利到期之后迅速抢占市场，1983年，博拉公司便从国外获取5千克的原料用于制备胶囊剂型，开展对其生物等效性和药代动力学等方面的研究，以获得FDA的上市许可。罗氏公司获悉这一情况后，于1983年7月28日在美国新泽西地区法院起诉了博拉公司以及该药品的进口商侵犯其专利权。这便是美国一个非常著名的判例——Roche v. Bolar案。

此案最终上诉到美国联邦巡回上诉法院，法院根据当时的专利法，认为博拉公司意欲进行的“试验性”使用是基于商业目的，而不是为了消遣、满足好奇心或者严格意义上的哲学探究，所以博拉公司的使用不能适用于试验性使用的例外，判决博拉公司侵权。

尽管博拉输掉了官司，但是其主张是合理的：如果专利届满之后才允许仿制药厂进行试验，那么由于药品较长的审批周期，事实上罗氏还可以继续不合理地垄断市场多年；并且，仿制药公司的实验产品也不投入市场，并不影响罗氏的合法经济利益。

法院的一纸判决打破了原有的两大制药阵营之间的平衡，仿制药厂商积极活动，以期国会可以修改法律。在不懈的努力之下，美国国会最终通过了《药品价格竞争与专利期补偿法》，规定仿制药生产厂商在药品专利到期前进行临床试验以及收集审评需要的数据，并不视为侵权。后来该规定被增加到美国专利法第二百七十一条第 e 款第 1 项中，相当于又增加了一项专利权的例外。

二、强制许可制度

根据《专利法》第五十三条至第五十七条的规定，在某些情况下，国务院专利行政部门可以给予实施发明专利或者实用新型专利的强制许可。

可见，专利实施的强制许可是国务院专利行政部门依法定条件和程序颁发的使用专利的许可。申请人获得这种许可后，不必经专利权人同意，就可以实施专利，但是不享有独占的实施权，并且无权允许他人实施，而且应当付给专利权人合理的使用费。

《专利法》第六十二条规定：取得实施强制许可的单位或者个人应当付给专利权人合理的使用费，或者依照中华人民共和国参加的有关国际条约的规定处理使用费问题。付给使用费的，其数额由双方协商；双方不能达成协议的，由国务院专利行政部门裁决。

《专利法》第六十三条规定：专利权人对国务院专利行政部门关于实施强制许可的决定不服的，专利权人和取得实施强制许可的单位或者个人对国务院专利行政部门关于实施强制许可的使用费的裁决不服的，可以自收到通知之日起三个月内向人民法院起诉。

强制实施专利许可的意义在于防止和限制专利权人滥用专利权，维护社会整体利益，促进专利尽快实施。强制许可主要有以下几种类型：

1. 法定期限后不实施或未充分实施的强制许可（《专利法》第五十三条第一款）

有下列情形之一的，国务院专利行政部门根据具备实施条件的单位或者个人的申请，可以给予实施发明专利或者实用新型专利的强制许可：

专利权人自专利权被授予之日起满三年，且自提出专利申请之日起满四年，无正当理由未实施或者未充分实施其专利的；

2. 基于反垄断需要的强制许可（《专利法》第五十三条第二款）

有下列情形之一的，国务院专利行政部门根据具备实施条件的单位或者个人的申请，可以给予实施发明专利或者实用新型专利的强制许可：

专利权人行使专利权的行为被依法认定为垄断行为，为消除或者减少该行为对竞争产生的不利影响的。

3. 在国家紧急状态或非常情况下，或为了公共利益目的的强制许可（《专利法》第五十四条）

在国家出现紧急状态或者非常情况时，或者为了公共利益的目的，国务院专利行政部门可以给予实施发明专利或者实用新型专利的强制许可。

4. 药品专利的强制许可（《专利法》第五十五条）

为了公共健康目的，对取得专利权的药品，国务院专利行政部门可以给予制造并将其出口到符合中华人民共和国参加的有关国际条约规定的国家或者地区的强制许可。

5. 从属专利的强制许可（《专利法》第五十六条）

一项取得专利权的发明或者实用新型比前已经取得专利权的发明或者实用新型具有显著经济意义的重大技术进步，其实施又有赖于前一发明或者实用新型的实施的，国务院专利行政部门根据后一专利权人的申请，可以给予实施前一发明或者实用新型的强制许可。

在依照前款规定给予实施强制许可的情形下，国务院专利行政部门根据前一专利权人的申请，也可以给予实施后一发明或者实用新型的强制许可。

6. 半导体技术的强制许可（《专利法》第五十七条）

强制许可涉及的发明创造为半导体技术的，其实施限于公共利益的目的和本法第五十三条第二项规定的情形。

案 例

跨国医药公司葛兰素史克掌握着治疗艾滋病和乙肝特效药拉米夫定的专利技术。由于葛兰素史克对于艾滋病专利的实施许可要价太高，南非政府决定启用 TRIPS 协定中的“强制许可”条款，自己生产或进口该种仿制药。南非是自 TRIPS 协定生效以来第一个启用“强制许可”的国家。

2001 年，“9·11”事件后暴发了“炭疽病毒”，唯一治疗炭疽的药物“西普洛”在美国政府强制许可的威慑作用下，专利权人德国拜耳公司对该药品降价。次年，该公司的肝癌特效药多吉美专利被强制许可给印度药企，使多吉美在印度的价格大幅降低。

你知道吗

我国自正式建立专利制度以来，还没有过强制许可的案例。

三、国家计划许可

《专利法》第四十九条规定，国有企业事业单位的发明专利，对国家利益或者公共利益具有重大意义的，国务院有关主管部门和省、自治区、直辖市人民政府报经国务院批准，可以决定在批准的范围内推广应用，允许指定的单位实施，由实施单位按照国家规定向专利权人支付使用费。

对非国有企事业单位或国外专利权人的专利，不适用这种计划许可。

第七节　专利权的期限

一、专利权的期限

根据《专利法》第四十二条的规定，发明专利权的期限为二十年，实用新型专利权的期限为十年，外观设计专利权的期限为十五年，均自申请日起计算。

例如，一件实用新型专利的申请日是1999年9月6日，该专利的期限为1999年9月6日至2009年9月5日，专利权期满终止日为2009年9月6日（遇节假日不顺延）。

你知道吗

专利权的终止方式有三种：一是因为《专利法》规定的期限届满而终止；二是因为专利权人没有按规定缴纳专利年费而终止；三是专利权人以书面声明放弃专利权而终止。

二、专利权期限补偿

《专利法》第四十二条规定了两种专利权期限补偿情形：

（1）自发明专利申请日起满四年，且自实质审查请求之日起满三年后授予发明专利权的，国务院专利行政部门应专利权人的请求，就发明专利在授权过程中的不合理延迟给予专利权期限补偿，但由申请人引起的不合理延迟除外。

（2）为补偿新药上市审评审批占用的时间，对在中国获得上市许可的新药相关发明专利，国务院专利行政部门应专利权人的请求给予专利权期限补偿。补偿期限不超过五年，新药批准上市后总有效专利权期限不超过十四年。

第八节　专利权的保护

一、专利权的保护范围

《专利法》第六十四条规定，发明或者实用新型专利权的保护范围以其权利要求的内容为准，说明书及附图可以用于解释权利要求的内容。外观设计专利权的保护范围以表示在图片或者照片中的该产品的外观设计为准，简要说明可以用于解释图片或者照片所表示的该产品的外观设计。

二、侵害专利权行为的具体形态

专利侵权行为是指在专利权的有效期内，行为人未经专利权人许可又无法律依据，以生产经营目的实施他人专利的行为。

根据我国《专利法》的规定，专利侵权行为的具体形态包括以下六个方面：

（1）未经专利权人许可，为生产经营目的制造专利产品。对于发明和实用新型专利权而言，是指权利要求记载的产品技术方案被实现。

对于外观设计专利而言，是指外观设计专利的图片或者照片中的该外观专利产品被实现。

（2）未经专利权人许可，为生产经营目的而使用专利产品或使用专利方法。对于发明或者实用新型专利产品而言是指权利要求所记载的产品技术方案的技术功能得到了应用或者效果得以实现，该应用不局限于说明书中指明的产品用途，除非权利要求中已明确记载该用途。对于专利方法而言是指方法技术方案的每一个步骤均被实现。需要注意的是，使用人不知道是侵权产品而使用的，同样构成侵权行为，但使用人能证明其产品合法来源的，不承担赔偿责任。使用人已知或有充分理由应知是侵权产品时仍继续使用的，不能免除赔偿责任。

单纯地使用侵犯外观设计专利权的产品的行为不属于侵犯专利权的行为。

（3）未经专利权人的许可，为生产经营目的许诺销售和销售专利产品的，不论是否“不知”，均构成侵权。但是使用者或销售者能证明合法来源的，可免除其赔偿责任。

需注意的是，销售行为的完成，应当以合同依法成立为判断标准，不要求合同实际履行完毕。即使合同成立后卖方未交付产品，也不影响作出销售行为已经成立的结论。

（4）进口专利产品或进口依照专利方法直接获得的产品。

未经许可将专利权人已在中国取得专利的产品进行进口，这种进口行为即构成侵权。

需注意的是，只要产品在空间上从境外越过边界运进境内即可判定进口行为成立。

（5）产品制造方法专利的延伸保护，是指一项产品制造方法发明专利权被授予后，任何单位或者个人未经专利权人许可，除了不得为生产经营目的使用该专利方法外，也不得为生产经营目的使用、许诺销售、销售或者进口依照该专利方法直接获得的产品。

（6）假冒他人专利。

三、侵害专利权行为的种类

根据上述内容可见，专利侵权行为分为直接侵权和间接侵权行为两类：

（1）直接侵权：未经发明和实用新型专利权人许可，为生产经营目的制造、使用、许诺销售、销售、进口其专利产品，或使用其专利方法以及使用、许诺销售、销售、进口依照该专利方法直接获得产品。未经外观设计专利权人许可，为生产经营目的制造、许诺销售、销售、进口其外观设计专利产品。

（2）间接侵权：行为人实施的行为并不构成直接侵犯他人专利权，但教唆、帮助别人实施他人专利，继而发生直接侵权行为，行为人在主观上具有教唆或帮助别人侵犯他人专利权的故意，客观上为别人直接侵权行为的发生提供了必要的条件。根据《最高人民法院关于审理侵犯专利权纠纷案件应用法律若干问题的解释（二）》第二十一条的规定，间接侵权主要表现为：①明知有关产品系专门用于实施专利的材料、设备、零部件、中间物等，未经专利权人许可，为生产经营目的将该产品提供给他人实施了侵犯专利权的行为，权利人主张该提供者的行为属于《中华人民共和国民法典》第一千一百六十九条规定的帮助他人实施侵权行为的，人民法院应予支持。②明知有关产品、方法被授予专利权，未经专利权人许可，为生产经营目的积极诱导他人实施了侵犯专利权的行为，权利人主张该诱导者的行为属于《中华人民共和国民法典》第一千一百六十九条规定的教唆他人实施侵权行为的，人民法院应予支持。

由此可见，专利间接侵权可以分为帮助侵权以及教唆侵权两种形式。

案 例

2001年，某市耐火材料厂甲在得知该市耐火材料厂乙正在准备非法使用别人的一项发明专利的情况下，为了弥补上一年的经营亏损，将自己此时闲置的装置设备租赁给耐火材料厂乙，并一再催促该厂尽快施工实施该项专利。该耐火材料厂甲最终从耐火材料厂乙非法生产经营中获利9万元，后耐火材料厂乙被人起诉侵犯专利权，耐火材料厂甲作为共同侵权人，被判赔付人民币20万元。

案 例

原告甲公司系一项发明专利的专利权人。甲公司主张乙公司生产、销售的三款不同型号打印机芯产品构成对其专利权的侵害。经对比，三款被诉侵权产品中，型号A的打印机芯产品构成侵权；而型号B、C的两款产品因缺少涉案专利权利要求所述部分技术特征不构成侵权。甲公司主张B、C两款产品虽然缺少部分技术特征，但是该两款产品系专用于实施涉案专利，所以乙公司存在教唆、帮助他人实施专利侵权的行为，构成间接侵权。法院经审理认为，B、C两款产品并非专用于实施涉案专利，且甲公司的证据不足以证明乙公司存在教唆他人侵权的具体意图和行为，所以乙公司不构成专利间接侵权。

四、侵犯专利权的解决途径

《专利法》第六十五条规定，未经专利权人许可，实施其专利，即侵犯其专利权，引起纠纷的，由当事人协商解决；不愿协商或者协商不成的，专利权人或者利害关系人可以向人民法院起诉，也可以请求管理专利工作的部门处理。管理专利工作的部门处理时，认定侵权行为成立的，可以责令侵权人立即停止侵权行为，当事人不服的，可以自收到处理通知之日起十五日内依照《中华人民共和国行政诉讼法》向人民法院起诉；侵权人期满不起诉又不停止侵权行为的，管理专利工作的部门可以申请人民法院强制执行。进行处理的管理专利工作的部门应当事人的请求，可以就侵犯专利权的赔偿数额进行调解；调解不成的，当事人可以依照《中华人民共和国民事诉讼法》向人民法院起诉。

由此可见，侵犯专利权的解决途径有以下几种情形。

（1）协商解决。专利侵权属于民事侵权的一种类型。根据《民法典》的相关规定，当事人能够在不违反法律规定的前提下，可以通过平等协商的方式解决纠纷，这样既有利于双方当事人找到合适、满意的解决方案，也有利于节约行政资源和诉讼资源。

（2）专利行政主管部门解决。这属于一种行政保护行为。

（3）人民法院审理解决。这属于一种司法保护行为。

你知道吗

协商解决的弊端在于问题的解决往往不具有终局的法律效力，一旦任何一方反悔，协商内容就不会成为最终的解决方案。

专利机关受理专利纠纷程序比司法机关简单，受理费用也比较低。

根据《专利法》第七十二条的规定，专利权人或利害关系人在有证据证明他人正在实施或即将实施侵犯其专利权、妨碍其实现权利的行为，如不及时制止将会使其合法权益受到难以弥补的损害的，可以在诉前向人民法院申请采取财产保全、责令作出一定行为或者禁止作出一定行为的措施。

根据《专利法》第六十六条的规定，专利侵权纠纷涉及新产品制造方法的发明专利的，制造同样产品的单位或者个人应当提供其产品制造方法不同于专利方法的证明。注意：(1) 举证责任发生转移，应当由新产品的当事人举证证明自己的制造方法和专利权人不同；(2) 该条适用的前提是新产品的制造方法，如果涉及普通产品的方法专利，不发生举证责任的转移。

五、侵犯专利权的法律责任

(一) 民事责任

专利侵权的行为人应当承担的民事责任形式主要有：(1) 停止侵权；(2) 消除影响；(3) 赔偿损失。

(二) 行政责任

专利管理机关在处理专利侵权纠纷时，可以责令侵权行为人停止侵权行为，或采取罚款措施。

(三) 刑事责任

假冒他人专利，情节严重的，处三年以下有期徒刑或拘役，并处或者单处罚金。

根据最高人民法院、最高人民检察院的相关司法解释，“情节严重”的情形有：（1）非法经营数额在二十万元以上或者违法所得数额在十万元以上的；（2）给专利权人造成直接经济损失五十万元以上的；（3）假冒两项以上他人专利，非法经营数额在十万元以上或者违法所得数额在五万元以上的；（4）其他情节严重的情形。

第三章 商 标

第一节 商标基础知识

一、商标及商标权

（一）商标

商标（Trade Mark），是指生产者、经营者为使自己的商品或服务与他人的商品或服务相区别，而使用在商品及其包装上或服务标记上的由文字、图形、字母、数字、三维标志、颜色组合和声音等，以及上述要素的组合所构成的一种标志。

商标应具有显著性和区别性，即申请注册的商标，应当具有显著特征，便于识别，且不得与他人在先取得的合法权利相冲突；同时，能够根据商标将自然人、法人或者其他组织的商品与他人的商品区别开来。

（二）商标权

商标权，是指商标所有人对其商标所享有的独占的、排他的权利。在我国由于商标权的取得实行注册原则，因此，商标权实际上是因商标所有人申请、经国家商标局确认的专有权利，即因商标注册而产生的专有权。

注册商标一方面可以保护自己的商标不被他人使用，从而维护商品的信誉和企业形象；另一方面可以增强消费者的认同感，使企业树立维护品牌价值的理念，提升品牌形象，拓宽企业发展的潜力。商标制度能使有技能、有进取心的市场主体在尽可能公平的条件下，提供商品和服务，从而促进社会经济发展乃至于国际贸易的发展。

你知道吗

2020 年，经过长期以来培育、推广、提升三个阶段的努力，“东钱湖”商标先后获得市知名、省著名商标，其价值经权威机构评估达到 52.3 亿元，2015 年的估值则为 20.5359 亿元。与 2009 年第一次评估相比，价值极大地提升了。

2009 年，“东钱湖”商标首次进行价值评估，当时的评估价值为 3.3579 亿元。此后，“东钱湖”商标管理办公室进一步加大了培育和推广。2020 年，使用“东钱湖”商标的企业有 53 家，从业人员 2720 人，有 3900 多户农民为这些企业提供初级农副产品，每年为农民创收 5790 万元。

当听到商标价值50多亿元时你会怎么想？相信很多人并不相信，但是“东钱湖”商标就是这个估价，这是毫无疑问的。所以说商标的价值可能是非常大的。

二、商标法的历史

1803年，法国制定的《关于工厂、制造场和作坊的法律》，是世界上最早的一部包括商标的法律。1857年，法国制定了世界上第一部现代意义的商标法——《制造工厂与商品标记法》，确立了以商标使用与商标审查相结合的商标登记制度。这项法律直到1964年才被废除，代之以注册原则为内容的《工业、商业和服务业商标法》。该法在1991年按照《协调成员国商标立法1988年12月21日欧洲共同体理事会第一号指令》的要求做了修改，次年7月1日法国颁布了世界上第一部知识产权法典。

1862年，英国颁布了《商品标记法》；1875年又颁布了《商标注册法》，确立了英国全国性商标注册制度。英国历史上真正的商标法为1905年《商标法》，并于1919年、1937年、1938年和1994年作了重大修改。

美国在1870年制定首部商标法《联邦商标条例》，但由于该法以美国宪法中的“版权和专利条款”为立法基础，所以在1879年被联邦最高法院判决违宪，理由是其与宪法中的专利条款相矛盾。随后，1881年，美国国会基于宪法中的“贸易条款”制定了新的商标法。1946年7月5日，美国通过了有名的

《兰哈姆法案》，这是世界上第一个对服务商标进行注册保护的立法。该法案此后历经修改，实施至今。

我国第一部商标法是清政府于 1904 年颁布的《商标注册试办章程》，章程共计 28 条，采用申请在先原则，商标注册有效期是 20 年。

1923 年，中华民国北洋政府颁布了第一部以《商标法》命名的法律，并颁布了《商标法施行细则》，由农商部内设的商标局办理。1928 年设立全国注册局，同年又改为商标局。1930 年，国民党政府颁布了《商标法》和《商标法施行细则》，几经修改后现在仍为我国台湾地区所用。

1950 年，中华人民共和国政务院批准并公布了《商标注册暂行条例》和《商标注册暂行条例施行细则》，实行自愿注册和申请在先原则。1957 年，国务院同意并转发了中央工商行政管理局《关于实行商标全面注册的意见》，决定对商标实行全面注册。1963 年，国务院颁布了《商标管理条例》，同年中央工商行政管理局发布了《商标管理条例施行细则》。

1982 年 8 月 23 日，第五届全国人民代表大会常务委员会第二十四次会议通过《中华人民共和国商标法》，于 1983 年 3 月 1 日开始实施。1983 年 3 月 10 日，国务院颁布了《中华人民共和国商标法实施细则》。

1993 年 2 月 22 日，第七届全国人民代表大会常务委员会第三十次会议通过了《关于修改〈中华人民共和国商标法〉的决定》，对《中华人民共和国商标法》第一次修订。

2001 年 10 月 27 日，第九届全国人民代表大会常务委员会第二十四次会议通过了《关于修改〈中华人民共和国商标法〉的决定》，对《中华人民共和国商标法》第二次修订。

2013 年 8 月 30 日，第十二届全国人民代表大会常务委员会第四次会议通过了《关于修改〈中华人民共和国商标法〉的决定》，对《中华人民共和国商标法》第三次修订。

2019 年 4 月 23 日，第十三届全国人民代表大会常务委员会第十次会议审议通过了《关于修改〈中华人民共和国建筑法〉等八部法律的决定》，对《中华人民共和国商标法》第四次修订。

你知道吗

我国迄今发现使用最早、图形较为完整的商标是北宋时期山东济南刘家功夫针铺的“白兔”商标，距今已有 1000 多年历史。北宋私营工商业发达，竞争激烈，不少店铺为了推销自家产品，除了装潢店面外，还印制了带有店铺标记的广告。刘家功夫针铺的这块铜模版就是用来印刷广告的，模版长 12.4 厘米，宽 13.2 厘米。印版上方标明店铺字号“济南刘家功夫针铺”，正中有店铺标记——白兔捣药图，并在图案两侧注明“认门前白兔儿为记”，下方则是广告语“收买上等钢条，造功夫细针，不误宅院使用，转卖兴贩，别有加饶，请记白”（如下图，已按模版重新植字）。这种注册商标设计能起到广告宣传的作用，可以说是我国古代相对完整的平面广告作品。

济南刘家功夫针铺白兔商标示意图

三、商品及服务分类

《类似商品和服务区分表》是我国原国家工商行政管理局商标局根据世界知识产权组织提供的《商标注册用商品和服务国际分类》以及我国自 1988 年 11 月 1 日起采用国际分类以来的使用实践，根据中国的国情实际对商品和服务的类似群组及商品和服务的名称进行翻译、调整、增补和删减而制订的。《类似商品和服务区分表》亦随着国际分类表的修订而作相应的调整。共包括 45 类，其中商品 34 类（第 1 ~ 34 类），服务项目 11 类（第 35~45 类），各类别所涉及商品及服务领域大致如下表。

类似商品和服务区分表类别及领域

类别	领域	类别	领域	类别	领域
1	化学材料	16	文具用品	31	林业农业
2	颜料油漆	17	橡胶绝缘	32	啤酒饮料
3	日化用品	18	皮革皮具	33	酒精饮料
4	油脂燃料	19	建筑材料	34	烟草烟具
5	医药卫生	20	家具工艺	35	广告贸易
6	金属器具	21	日用器具	36	金融物管
7	机械设备	22	缆绳袋子	37	建筑修理
8	手工用具	23	纺织纱线	38	电信服务
9	电子产品	24	家用织物	39	运输旅行
10	医疗器械	25	服装鞋帽	40	材料处理
11	家用电器	26	刺绣配饰	41	教育娱乐
12	运载工具	27	地席墙帷	42	设计开发
13	军火烟花	28	体育玩具	43	餐饮住宿
14	珠宝钟表	29	食品果蔬	44	医疗园艺
15	乐器	30	茶糖调料	45	法律社交

你知道吗

商标注册时应选择注册类别和商品项目，从防御性的角度来说，除去产品或服务本身所属的类别外，企业可以考虑将该商标延伸注册到其他领域，重点是覆盖企业现有的业务范围以及囊括企业未来的业务范围，为企业今后的发展、扩张打好基础。

《类似商品和服务区分表》是商标审查人员、管理人员、商标代理人、商标申请人以及商标使用人判断商品和服务类似与否的主要依据和参考工具，但判断某些商品和服务是否类似时，还要结合商品的功能、用途、交易方式和服务的行业、实施场所、服务对象等实际情况进行。

四、商标的种类

按照不同的标准，可以将商标分为不同的类型。

（一）根据商标使用的对象进行划分

根据商标使用的对象进行划分，可以将商标分为普通商标、集体商标和证明商标。

1．普通商标

普通商标，是指依法登记的经营者用以标明其商品或服务来源的标志。

对于普通经营商品或服务的实体而言，其申请商标并用于商品销售及提供服务，则可以在第 1 ~ 34 类（商品类）或第 35~45 类（服务类）选择类别并指定有关商品或服务项目申请商标。例如，华为公司生产销售手机，则将“华为”商标在第 9 类申请“手机”等商品项目；宝马公司生产销售汽车，则将“宝马”商标在第 12 类申请“汽车”等商品项目；如家公司提供酒店住宿服务，则将“如家”商标在第 43 类申请“餐饮住宿”服务项目。

根据商标用于提供商品还是提供服务，又可以分为商品商标和服务商标。

（1）商品商标

商品商标是指使用于各种商品上，标示商品的不同生产者或者经营者的商标。商品商标是商标的主要类型，其使用范围十分广泛，不仅包括工业品，还包括农林牧副渔等各业商品，不仅使用于商品的生产制造环节，还使用于商品的加工、经销等环节。常见的商品商标如“宝马”汽车、“统一”方便面、“雅诗兰黛”护肤品等。

（2）服务商标

服务商标是指使用于服务项目，用以区别服务提供者的商标，又称服务标记或服务标志。服务商标一般为银行、酒店、旅馆、餐厅、航空公司、保险公司、律师事务所等各种提供服务项目的经营者所使用。常见的服务商标如“太平洋”保险公司、“希尔顿”酒店等。

2. 集体商标

集体商标，是指以团体、协会或者其他组织名义注册，供该组织成员在商事活动中使用，以表明使用者在该组织中的成员资格的标志。

集体商标的作用是向用户表明使用该商标的企业具有共同的特点。当然，使用集体商标的企业，有权同时使用自己独占的其他商标。在我国，典型的集体商标如佛山的“佛山陶瓷”、南海的“盐步内衣”、中山市的“古镇灯饰”、东莞市的“虎门服装”、广州的“新塘牛仔服装”，以及五常大米、金华火腿、山西陈醋、镇江香醋、沙县小吃等。

集体商标具有如下特征：

（1）权属：集体商标不属于单个自然人、法人或者其他组织，而是以团体、协会或其他组织名义注册表明商品或服务来源于该集体组织，具体的商品或服务的提供者以集体成员的身份显现，体现了其“共有”和“共用”的特点。

（2）申请商标主体：集体商标是以集体名义申请注册和所有，由组成集体的各成员共同使用的一项集体性权利。反映在集体商标的申请注册上，具有法人资格的集体组织才可以提出申请，才能以其集体的独立名义拥有商标权。

（3）商标使用：集体组织通常不使用该集体商标，而由该组织的成员共同使用，不是该组织的成员不能使用。每个成员都能平等使用该集体商标，成员间不存在隶属关系，同时又必须对其集体成员的使用进行监督，并对违反使用规则的成员进行处理。

你知道吗

集体组织既可以申请注册集体商标，也可以申请注册普通商标，但两者有以下的区别：

（1）集体商标与普通商标均表明商品或服务的经营者，但集体商标表明商品或服务来自某组织；普通商标则表明来自某个经营者。

(2) 集体商标只能由某一组织申请注册；普通商标则可以由某一组织或某个经营者申请注册。

(3) 申请集体商标的，必须提交使用管理规则；申请普通商标无此要求。

(4) 集体商标不能准许本组织以外的成员使用；普通商标可以许可本组织以外的成员使用。

(5) 集体商标准许其成员使用时不必签订许可使用合同；普通商标许可他人使用时必须签订许可使用合同。

3. 证明商标

证明商标，是指由对某种商品或者服务具有监督能力的组织所控制，而由该组织以外的单位或者个人使用于其商品或者服务，用以证明该商品或者服务的原产地、原料、制造方法、质量或者其他特定品质的标志。在我国，典型的证明商标如“绿色食品”“真皮”标志等。

证明商标具有如下特征：

(1) 证明商标应是由某个具有检测和监督能力的组织注册和控制，由注册人以外的其他人使用，注册人自己不能使用该注册的证明商标；

(2) 证明商标不是表示商品或服务来源于某个经营者，而是用以证明商品或服务本身出自某原产地，或具有某种特定品质的标志；

(3) 证明商标的准许使用程序是一个公平开放的程序，只要当事人提供的商品或服务达到证明商标所要求的标准，履行了必要的手续之后，就可以使用该证明商标，证明商标所有人无权拒绝；

（4）证明商标是由多个人共同使用的商标，其注册、使用及管理必须制定统一的管理规则并将之公诸于众，让社会各界共同监督，以保护商品与服务的特定品质，保障消费者利益；

（5）在商标的转让上证明商标有着自己独特之处，其所有权须转让给对商品或服务具有相应检测和监督能力的法人。

你知道吗

证明商标与普通商标有什么区别？

（1）证明商标表明商品或服务具有某种特定品质，普通商标表明商品或服务出自某一经营者。

（2）证明商标的注册人必须是依法成立，具有法人资格，且对商品和服务的特定品质具有检测和监督能力的组织，普通商标的注册申请人只须是依法登记的经营者。

（3）证明商标申请注册时还必须按照《集体商标、证明商标注册和管理办法》规定，提交管理规则，普通商标只须按《商标法》及《中华人民共和国商标法实施条例》（简称《商标法实施条例》）规定提交申请。

（4）证明商标的注册人不能在自己经营的商品或服务上使用该证明商标，普通商标必须在自己经营的商品或服务上使用自己的注册商标。

(5) 证明商标准许他人使用必须依《集体商标、证明商标注册和管理办法》的规定履行手续，发给《证明商标准用证》，普通商标许可他人使用必须签订许可合同。

(6) 证明商标与普通商标都可以转让。但证明商标的受让人必须是依法成立，具有法人资格和具有检测和监督能力的组织。普通商标的受让者包括依法登记的经营者。

(二) 以商标使用者为划分标准

以商标使用者为划分标准，可将商标分为制造商标和销售商标。

1. 制造商标

制造商标是指产品的生产、加工或制造者为了将自己与其他生产、加工或制造者区别开而使用的文字、图形或其组合标记。

制造商标是生产企业在自己生产、制造、加工、装配商品上所使用的商标，又称生产商标。市场上的商标以制造商标为主。

2. 销售商标

销售商标是指商品销售者为了保证自己所销商品的质量而使用的文字、图形或其组合标记。

销售商标是从事销售业务的商贸企业在自己销售的商品上所使用的商标，又称商业商标。销售商标的作用在于表明特定销售商销售的商品是经过精心挑选的。销售商标在我国国内商品销售中还不普遍，但在对外贸易中则时有采用。

（三）以商标结构为划分标准

根据《商标法》第八条的规定，任何能够将自然人、法人或者其他组织的商品与他人的商品区别开的标志，包括文字、图形、字母、数字、三维标志、颜色组合和声音等，以及上述要素的组合，均可以作为商标申请注册。

因此，可以根据商标的结构，将商标分为文字商标、图形商标、字母商标、数字商标、三维标志商标、颜色组合商标、声音商标，以及具有上述两项以上特征的组合商标。

（四）特殊的地理标志

地理标志，是指标示某商品来源于某地区，该商品的特定质量、信誉或者其他特征，主要由该地区的自然因素或者人文因素所决定的标志。地理标志可以作为证明商标或者集体商标申请注册。

（1）以地理标志作为证明商标注册的，其商品符合使用该地理标志条件的自然人、法人或者其他组织可以要求使用该证明商标，控制该证明商标的组织应当允许。

（2）以地理标志作为集体商标注册的，其商品符合使用该地理标志条件的自然人、法人或者其他组织，可以要求参加以该地理标志作为集体商标注册的团体、协会或者其他组织，该团体、协会或者其他组织应当依据其章程接纳为会员；不要求参加以该地理标志作为集体商标注册的团体、协会或者其他组织的，也可以正当使用该地理标志，该团体、协会或者其他组织无权禁止。

你知道吗

目前公众对于地理标志的认识严重不足，相当数量的地理标志被不当注册为普通商标。如“金华火腿”被抢先注册为普通商标，就造成了“金华火腿”商品商标和地理标志证明商标并存的局面，从而引发了一系列纠纷。

案例

舟山水产协会将地理标志“舟山带鱼”作为证明商标申请注册，获得了国家商标局的核准注册。北京某食品公司生产的“舟山带鱼段”产品包装突出使用了“舟山带鱼”。舟山水产协会将其诉至法院，主张“舟山带鱼段”侵犯了“舟山带鱼”的证明商标专用权。法院经审理认为北京某食品公司未经许可，在同一种商品上，将与“舟山带鱼”证明商标近似的“舟山带鱼段”文字突出使用，容易使相关公众对商品的来源产生混淆或误认，而且其不能证明其生产、销售的涉案商品原产地为浙江舟山海域，因此侵犯了舟山水产协会享有的商标权。

你知道吗

商标中有商品的地理标志，而该商品并非来源于该标志所标示的地区，误导公众的，不予注册并禁止使用；但是，已经善意取得注册的继续有效。

第二节　商标申请

一、商标的基本原则和审查制度

（一）基本原则

1. 先申请原则

两个或者两个以上的商标注册申请人，在同一种商品或者类似商品上，以相同或者近似的商标申请注册的，初步审定并公告申请在先的商标；同一天申请的，初步审定并公告使用在先的商标，驳回其他人的申请，不予公告。

根据该原则，商标即使已经使用，但若不及时申请注册，可能面临被他人申请在先而获得注册，自身却无法得到对该商标的专用权的情形。

当然，商标注册人申请商标注册前，他人已经在同一种商品或者类似商品上先于商标注册人使用与注册商标相同或者近似并有一定影响的商标的，注册商标专用权人无权禁止该使用人在原使用范围内继续使用该商标，但可以要求其附加适当区别标识。

2. 优先权制度

商标注册申请人自其商标在外国第一次提出商标注册申请之日起六个月内，又在中国就相同商品以同一商标提出商标注册申请的，依照该外国同中国签订的协议或者共同参加的国际条约，或者按照相互承认优先权的原则，可以享有优先权。

依照前款要求优先权的，应当在提出商标注册申请的时候提出书面声明，并且在三个月内提交第一次提出的商标注册申请文件的副本；未提出书面声明或者逾期未提交商标注册申请文件副本的，视为未要求优先权。

商标在中国政府主办的或者承认的国际展览会展出的商品上首次使用的，自该商品展出之日起六个月内，该商标的注册申请人可以享有优先权。

依照前款要求优先权的，应当在提出商标注册申请的时候提出书面声明，并且在三个月内提交展出其商品的展览会名称、在展出商品上使用该商标的证据、展出日期等证明文件；未提出书面声明或者逾期未提交证明文件的，视为未要求优先权。

案　例

主播薇娅申请“薇娅”商标被拒后，不服诉至北京知识产权法院。原告指出“薇娅”系黄薇网名，与原告具有唯一对应关系；诉争商标具有极高的知名度和影响力，不会导致混淆误认；原告及关联企业、薇娅本人多年热衷公益事业，具有很高的美誉度和社会知名度。法院经审理认为，诉争商标为中文文字商标“薇娅”，引证商标一为中文文字商标“薇亚”，引证商标二、五均由中文文字“娅薇”及汉语拼音“yawei”组合而成，引证商标三为中文文字商标“薇薇娅”，引证商标四为中文文字商标“薇娅特”，引证商标六为中文文字商标“娅薇”，引证商标七为中文文字商标“薇娅”。诉争商标与各引证商标相对比，显著识别中文文字在文字构成方面相同或相近，相关公众在隔离对比状态下施以一般注意力不易区分，应认定为近似商标。看似北京知识产权法院审理的依据主要是是否构成混淆，实质上，“薇娅”商标被拒的真正原因是商标注册应当遵循申请在先原则。

（二）审查制度

商标局对商标注册申请进行形式审查和实质审查，且应当自收到商标注册申请文件之日起九个月内审查完毕，符合《商标法》有关规定的，予以初步审定公告；不符合《商标法》有关规定或者同他人在同一种商品或者类似商品上已经注册的或者初步审定的商标相同或者近似的，由商标局驳回申请，不予公告。

形式审查主要审查申请文件和手续是否符合规定条件；实质审查主要包括商标是否具有显著性、是否属于法律规定禁止注册的情形、是否与他人的在先权利相冲突，等等。

对驳回申请、不予公告的商标，商标局应当书面通知商标注册申请人。商标注册申请人不服的，可以自收到通知之日起十五日内向商标评审委员会申请复审。商标评审委员会应当自收到申请之日起九个月内作出决定，并书面通知申请人。有特殊情况需要延长的，经国务院工商行政管理部门批准，可以延长三个月。当事人对商标评审委员会的决定不服的，可以自收到通知之日起三十日内向人民法院起诉。

你知道吗

美国的商标注册实行“在先使用”原则，即商标的先使用者获得法律的保护。虽然美国引入了注册制度，但“在先使用”仍然是申请注册的先决条件。1988 年，美国商标法作出修改，允许申请人基于“意图使用”而申请商标，但是所谓的“意图使用”仍带有浓厚的“使用”色彩，申请人只有在 36 个月内真实使用并且向商标局提交真实使用的证明才有可能获得商标注册。因此，在美国商标可以注册，也可以不注册。不注册商标只要处于使用状态也可获得法律保护。

然而，美国的商标注册分为联邦注册和州注册两级。商标使用者可以选择在联邦注册商标，也可以在业务发生的州进行注册。联邦注册的商标可以在全国范围使用和获得联邦商标法律的保护。而各州的商标法仅限于规范商业活动中使用且不超出州界的商标，即在各州注册的商标只可在本州使用。

二、申请商标主体

《商标法》第四条规定：自然人、法人或者其他组织在生产经营活动中，对其商品或者服务需要取得商标专用权的，应当向商标局申请商标注册。不以使用为目的的恶意商标注册申请，应当予以驳回。

《商标法》第十七条规定：外国人或者外国企业在中国申请商标注册的，应当按其所属国和中华人民共和国签订的协议或者共同参加的国际条约办理，或者按对等原则办理。

（一）自然人

自然人是指取得民事主体资格的个人，包括中国人、外国人和无国籍人。自然人申请商标注册在中国受到限制，仅能以以下身份提起：

（1）个体工商户；

（2）农村承包经营户；

（3）其他依法获准从事经营活动的自然人；

（4）港澳台自然人；

（5）外国自然人。

（二）法人

法人是指具有民事权利能力和民事行为能力，依法独立享有民事权利和承担民事义务的组织。包含中国内地法人、中国港澳台法人和外国法人。

（三）其他组织

其他组织是指合法成立，有一定的组织机构和财产，但又不具备法人资格的组织。《最高人民法院关于适用〈中华人民共和国民事诉讼法〉的解释》规定其包括：

（1）依法登记领取营业执照的个人独资企业；

（2）依法登记领取营业执照的合伙企业；

（3）依法登记领取我国营业执照的中外合作经营企业、外资企业；

（4）依法成立的社会团体的分支机构、代表机构；

（5）依法设立并领取营业执照的法人的分支机构；

（6）依法设立并领取营业执照的商业银行、政策性银行和非银行金融机构的分支机构；

（7）经依法登记领取营业执照的乡镇企业、街道企业；

（8）其他符合本条规定条件的组织。

你知道吗

为了遏制个人抢注导致的商标泛滥现象，原国家工商行政管理总局商标局在2007年2月6日发布了《自然人办理商标注册申请注意事项》，规定自然人要进行商标注册，必须是以个体工商户、农村承包经营户或其他依法获准从事经营活动的自然人等身份提出申请，并提供相应资质证明。这些身份实质都是个人为经营主体，因此可以以自然人名义注册。

2021年11月16日发布并于2022年1月1日起施行的《商标审查审理指南》继续沿用这一规则，规定：申请人为内地（大陆）自然人的，应提供载有统一社会信用代码的个体工商户营业执照、农村土地承包经营合同复印件（申报类别以自营的农副产品为限）等表明申请人从事生产经营活动的主体资格证明文件。

需要注意的是，企业并不能拿企业营业执照以企业法定代表人的名义注册商标，只能以企业作为申请人注册商标。

三、商标审查标准

（一）不得作为商标的标志的审查

《商标法》第十条规定下列标志不得作为商标使用：

（1）同中华人民共和国的国家名称、国旗、国徽、国歌、军旗、军徽、军歌、勋章等相同或者近似的，以及同中央国家机关的名称、标志、所在地特定地点的名称或者标志性建筑物的名称、图形相同的；

（2）同外国的国家名称、国旗、国徽、军旗等相同或者近似的，但经该国政府同意的除外；

（3）同政府间国际组织的名称、旗帜、徽记等相同或者近似的，但经该组织同意或者不易误导公众的除外；

（4）与表明实施控制、予以保证的官方标志、检验印记相同或者近似的，但经授权的除外；

（5）同“红十字”、“红新月”的名称、标志相同或者近似的；

（6）带有民族歧视性的；

（7）带有欺骗性，容易使公众对商品的质量等特点或者产地产生误认的；

（8）有害于社会主义道德风尚或者有其他不良影响的。

县级以上行政区划的地名或者公众知晓的外国地名，不得作为商标。但是，地名具有其他含义或者作为集体商标、证明商标组成部分的除外；已经注册的使用地名的商标继续有效。

例如：

上述标志由于同我国的国旗、国徽相同或近似而不能注册商标。

又如：

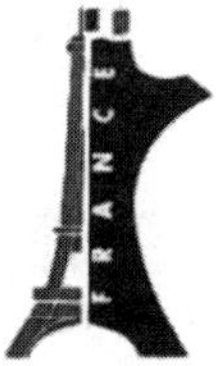

上述标志由于同外国国家名称相同或近似而不能注册商标。

（二）商标显著性审查

《商标法》第十一条规定下列标志不得作为商标注册：

（1）仅有本商品的通用名称、图形、型号的；

（2）仅直接表示商品的质量、主要原料、功能、用途、重量、数量及其他特点的；

（3）其他缺乏显著特征的。

前款所列标志经过使用取得显著特征，并便于识别的，可以作为商标注册。但是，以上所列标志经过使用取得显著特征，并便于识别的，可以作为商标注册。

例如：

指定商品：新鲜水果

指定商品：鞋底

上述标志由于指定使用商品为通用图形，因此不能注册为商标。

又如：

超市

指定商品：替他人推销

网购

指定商品：电脑软件（录制好的）

上述标志由于是本行业通用的商贸用语，因此不能注册为商标。

（三）商标相同、近似审查

《商标法》第三十条规定，申请注册的商标，凡不符合本法有关规定或者同他人在同一种商品或者类似商品上已经注册的或者初步审定的商标相同或者近似的，由商标局驳回申请，不予公告。

《商标法》第三十一条规定，两个或者两个以上的商标注册申请人，在同一种商品或者类似商品上，以相同或者近似的商标申请注册的，初步审定并公告申请在先的商标；同一天申请的，初步审定并公告使用在先的商标，驳回其他人的申请，不予公告。

例如：

酷几　　　　酷儿

左侧为已注册商标，右侧为待注册商标，由于两者的字形近似，易使相关公众对商品或服务的来源产生混淆，会被判断为与已有商标近似，不能注册为商标。

又如：

玫瑰花　　　　玫瑰

左侧为已注册商标，右侧为待注册商标，由于两者的含义相同或者近似，易使相关公众对商品或服务的来源产生混淆，会被判断为与已有商标近似，不能注册为商标。

你知道吗

《商标审查审理指南》中，对包含国家名称商标的审查问题作了较为详细的规定。其中，对于包含我国国家名称的商标，列举了四种准予注册使用的例外情形，即：

(1) 标志含有与我国国家名称相同或近似的文字，但其描述的是客观存在的事物。如“中华鲟”“中华龙鸟”等。

(2) 标志含有与我国国家名称相同或近似的文字，但其整体是报纸、期刊、杂志名称，且与申请人名义一致的，如申请人能证明其合法出版发行资格，则指定使用于报纸、期刊、杂志（期刊）、新闻刊物等特定商品上的。如“中国邮政快递报”“中国国家地理”“中国知识产权报”等。

(3) 标志含有与我国国家名称相同或近似的文字，但其整体是企事业单位简称。适用本情形还需具备以下条件：申请人主体资格应当是经国务院或其授权的机关批准设立的，申请人名称应经名称登记机关依法登记；申请标志与申请人名称的简称一致，简称是经国务院或其授权机关批准；该标志经过申请人在实际中长期广泛使用，在相关公众的认知中，与申请人形成了唯一对应关系。如“中国电信”“中国网通”“中国石油”“中国石化”“中国人保”“中国人寿”“中国南方电网”等。

(4) 标志中含有我国国名，国名与其他显著部分相互独立，在整个标志构成中属于非主要部分或附属部分，仅起到真实表示商品或者服务来源国的作用，其注册使用一般不会对我国国家尊严、社会公共利益和公共秩序产生消极、负面影响的。例如：

指定商品：电力网绝缘体

四、商标驳回复审

商标驳回复审，是指申请注册的商标经商标局审查认为申请商标不符合规定或者在部分指定商品上不符合规定，予以驳回或者部分驳回后，申请人对商标局的驳回理由和法律依据不服，而向商标评审委员会提出复审申请。根据《商标法》的相关规定，商标注册申请人不服的，可以自收到通知之日起十五日内向商标评审委员会申请复审。

《商标法实施条例》第二十一条规定：商标局对受理的商标注册申请，依照《商标法》及本条例的有关规定进行审查，对符合规定或者在部分指定商品上使用商标的注册申请符合规定的，予以初步审定，并予以公告；对不符合规定或者在部分指定商品上使用商标的注册申请不符合规定的，予以驳回或者驳回在部分指定商品上使用商标的注册申请，书面通知申请人并说明理由。

商标局作出驳回决定的理由主要有两种：绝对理由和相对

理由。

绝对理由涉及违反《商标法》上的显著性、非功能性以及公共利益，不考虑对特定权利人的影响，具有绝对性，一般属于商标注册部门依职权主动审理的范围。包括：《商标法》第四条规定的不以使用为目的的恶意商标注册申请，第十条规定的不得作为商标使用的标志、第十一条规定的缺乏显著特征不得作为商标注册的标志、第十二条规定的具有功能性不得注册的三维标志、第十九条第四款规定的商标代理机构不得申请注册其代理服务以外的商标、第四十四条规定的以欺骗手段或者其他不正当手段取得注册的商标。

相对理由涉及损害他人的在先商标权利、他人现有的其他在先权利等，损害的是特定主体的合法权益，具有相对性。除注册审查程序依职权将他人在先商标权利作为驳回事由外，商标注册部门一般不能依职权主动审理相对理由，仅在异议或评审程序中依当事人申请进行审查审理。包括：《商标法》第十三条规定的他人的驰名商标，第十五条规定的被代理人、被代表人商标或其他特定关系人的商标，第十六条第一款规定的他人的地理标志，第三十条规定的他人已经注册的或者初步审定的商标，第三十一条规定的他人注册申请在先的商标，第三十二条规定的他人现有的在先权利和已经使用并有一定影响的商标。

针对绝对理由和相对理由，申请人均可以提交相关证据材料进行驳回复审。

案 例

1994年1月，辽宁省体育产业开发总公司在第18类手提包、旅行箱等皮革制品分类申请了“东北虎”商标。1994年2月5日，原国家工商行政管理局商标局依照原《商标法》第八条第六款予以驳回，理由是“该商标直接表示了商品的主要原料”。

1994年3月15日，辽宁省体育产业开发总公司向原国家工商行政管理局商标评审委员会提出商标驳回复审请求，复审的理由是：(1) 东北体育健儿在国内外体育大赛中，多次获得冠军和破纪录。“东北虎”一词某种程度指东北体育健儿和东北人的气质。(2) 东北虎是世界保护的珍贵动物，其受法律保护，严禁捕杀，企业用“东北虎”做商标，但不可能把东北虎用做“商品的主要原料”。所以请求对“东北虎”商标予以注册。

1995年12月7日，原国家工商行政管理局商标评审委员会作出了《东北虎商标驳回复审终局决定书》，决定认为：东北虎是国家保护类动物，国家严禁用其皮毛作为原料制造物品。申请商标“东北虎”所指定使用的商品皮革和人造革等，不会以东北虎作为原料。消费者也不会认为这些商品源自东北虎。因此，申请商标具有显著特征，便于消费者识别。根据原《商标法》第十六条，复审终局决定申请商标“东北虎”应予初步审定并予以公告。

案 例

商标局驳回了注册申请中的第16893577号“思南江宴”商标，驳回理由为：(1) 该标志中“思南”为我国县级以上行政区划名称，不得作为商标注册；(2) 该商标与他人在类似服务项上已注册的“江宴”商标近似。因此，“思南江宴”商标的注册申请违反了《商标法》第十条第二款和第三十条的规定，应予驳回。

申请人不服该驳回决定，向商标评审委员会提出复审。商标评审委员会在首次作出的驳回复审决定书中维持了商标局的驳回理由。

申请人不服该决定，提起行政诉讼。两审法院北京知识产权法院和北京市高级人民法院均认为：审查该标志是否符合《商标法》第三十条规定的前提是，该标志符合《商标法》第十条的有关规定。就本案而言，诉争商标违反了《商标法》第十条第二款的有关规定，该商标不得作为商标加以使用，不具备可注册的基础和前提，故该商标是否具有区分服务来源的作用无需再适用《商标法》第三十条进行判断。因此，法院撤销被诉决定，判令商标评审委员会重新作出决定。

商标评审委员会按照前述判决意见重新作出了决定，新的决定书仅认定“思南江宴”商标违反了《商标法》第十条第二款的规定，对相对理由则不予评述。

第三节　商标维护

一、商标续展

《商标法》第三十九条规定，注册商标的有效期为十年，自核准注册之日起计算。

《商标法》第四十条规定：注册商标有效期满，需要继续使用的，商标注册人应当在期满前十二个月内按照规定办理续展手续；在此期间未能办理的，可以给予六个月的宽展期。每次续展注册的有效期为十年，自该商标上一届有效期满次日起计算。期满未办理续展手续的，注销其注册商标。

注册商标的续展使用的期限从上一届有效期满次日起加算十年。例如，有效期满次日是 2012 年 11 月 11 日，核准续展之后的有效期限至 2022 年 11 月 10 日。

由上述可知，商标为永久性权利，但是需要每十年办理一次续展手续，未及时办理商标续展手续会导致商标过期被注销，甚至可能被他人借机抢注。

商标是企业的无形资产，这种无形资产在一定情况下可能比有形资产具有更大、更核心的竞争力。一件商标能连续使用十年，在此期间经过商标权利人广泛的宣传推广，可以积累一定的品牌知名度和美誉度。商标续展，恰恰能使得这种商誉得以延续下来。注册得越早，使用的年头越长，越可能成为著名商标或驰名商标。

你知道吗

公司甲早在1995年就注册了一个商标，并且把这个商标做得很好，品牌效应已经出来了，到2005年也进行了续展，但2015年，因为一些原因，商标没有及时续展，导致商标被注销。

此时，另一家同行业的公司乙，把甲公司未续展的商标给注册下来了，并且应用到了产品上，很多消费者都以为这个产品是甲公司的。这导致甲公司多年做起来的品牌商标不知不觉地为他人作了嫁衣。

二、商标异议

商标异议是指公众对某一经过初步审定并公告的商标，在法定期限内，向商标局提出该商标不应核准注册的意见，阻止该商标在规定的三个月异议期满后的核准注册。

（一）被异议商标

被异议商标是指商标局“初步审定并予以公告”的商标。对于未经商标局初步审定、经商标局初步审定但尚未刊登于《商标公告》或者三个月初步审定公告期满的商标，均不能提出异议，否则商标局不予受理。企业若发现自己的商标被他人提出注册申请，须先确认该商标注册申请进展，再根据情况采取相应的监控、异议或者无效宣告等措施。

根据《商标法》第三十三条规定，对初步审定公告的商标，自公告之日起三个月内，在先权利人、利害关系人认为违反本法第十三条第二款和第三款、第十五条、第十六条第一款、第三十条、第三十一条、第三十二条规定的，或者任何人认为违反本法第四条、第十条、第十一条、第十二条、第十九条第四款规定的，可以向商标局提出异议。公告期满无异议的，予以核准注册，发给商标注册证，并予公告。

你知道吗

商标异议对于减少权利冲突、避免商标之间的混淆以及制止不正当抢注行为发挥了极为重要的作用。商标异议可以保护商标在先注册人的利益、避免注册商标申请人获得不应得到的商标专用权。当然，也有可能出现恶意异议的情况，即出于不正当的目的利用商标异议程序阻止他人商标的及时注册，比如，利用异议程序进行敲诈或者利用异议程序作为打击竞争对手的手段等。

法律对此也有相关规定，自该商标公告期满之日起至准予注册决定做出前，对他人在同一种或者类似商品上使用与该商标相同或者近似的标志的行为不具有追溯力；但是，因该使用人的恶意给商标注册人造成的损失，应当给予赔偿。

（二）异议理由

1. 违反了《商标法》第十条和第十一条关于禁止性的规定

例如：

CHINA　　ZHONGGUO

上述两个商标属于同我国的国家名称相同或者近似的情况，因此可以对上述商标提出异议。

又如：

上述瓶状图案指定使用商品“酒精饮料”，罐状图案指定使用商品“果酱”，属于行业通用或常用容器的立体形状，不能起到区分商品来源作用，缺乏显著特征，因此可以对上述图案商标提出异议。

2. 与在先商标构成相同或者类似商品上的近似商标

例如：

迪
安　　安迪

左侧为已有商标，右侧为待公告商标，属于近似商标，因此，可以对右侧商标提出异议。

3. 侵犯驰名商标权益

案　例

2006年，丰田汽车公司的“丰田”商标被商标局认定为驰名商标；2010年7月30日，有人申请注册的“丰田丰”商标被商标局予以核准注册，指定使用在第44类水龙头、地漏等商品上。丰田汽车公司提出异议，认为“丰田”商标已经在中国大陆地区建立了较高知名度及广泛影响力，为相关消费者所普遍知晓，已经达到驰名商标的知名程度。商标评审委员会裁定被异议商标的使用在客观上易使消费者与“丰田”商标产生联想，从而削弱“丰田”商标作为驰名商标所具有的显著性和良好商誉，致使“丰田”商标所有人的利益可能受到损害。因此裁定“丰田丰”商标不予核准注册。

4. 代理人、代表人或者有特定关系的他人恶意抢注

例如：

A品牌的代理经销商在A品牌的生产商不知的情况下注册申请了A品牌的商标，A品牌的生产商可以保留证据，对代理经销商注册的商标提出异议，以保护自己的权益。

5. 侵犯异议人现有的在先权利

“在先权利”是指在系争商标申请注册日之前已经取得的，

除商标权以外的其他权利，包括字号权、著作权、外观设计专利权、姓名权、肖像权、地理标志权以及应予保护的其他合法在先权益。

“现有”是指系争商标申请注册日前已经享有并合法存续。系争商标核准注册时在先权利已不存在的，不影响系争商标的注册。

案　例

我国运动健儿在2020年东京奥运会上大放异彩，获得国内外网友的关注。在女子10米跳台单人跳水冠军诞生后，以奥运冠军名字“全红婵”注册的商标达20多个，国际分类主要分布在食品、服装鞋帽、日化用品等领域。像这种奥运冠军名字被抢注的案例并不罕见。如诺贝尔奖获得者屠呦呦、莫言的姓名被他人抢先提交商标注册申请，此外，一夜爆红的网红的名字被抢注的现象也屡见不鲜。之所以出现这种现象，原因在于名人带来的“品牌效应”可以帮助商标主体省下越来越多的推广费用等。

案　例

上海美术电影制片厂有限公司诉永康市风云传媒有限公司请求宣告第20503261号商标无效案中，涉案商标与申请人拥有著作权的美术作品“Q版孙悟空”相比较，从整体上看，两者均为孙悟空形象，凸显出一个大而圆的脑袋，四肢均短小；从细节上来看，两者均为京剧脸谱式的脸部纹路，脸庞桃形眼眶心形，粗眉弯弯向上向外挑起，脸颊饱满鼓出，均有一对特有的圆形招风耳。商标评审委员会认为争议商标图形与涉案作品在构成要素、表现形式、视觉效果等方面相似，已构成《著作权法》意义上的实质性相似，故作出宣告涉案商标无效的裁定。

著作权作品

涉案商标

上面的案例是一个商标无效案件，但是如果上海美术电影制片厂有限公司能够在初步审定公告期提出异议，那么就能阻止涉案商标的核准注册。

6. 以不正当手段抢注他人已经使用并有一定影响的商标

已经使用并有一定影响的商标是指在先未注册商标通过商业宣传和生产经营活动，发挥了识别商品或服务来源的作用，并为中国一定范围的相关公众所知晓的未注册商标。应综合考虑“一定影响”和“不正当手段”的判定。

7. 不以使用为目的的恶意商标注册申请

该种情形旨在坚决遏制“不以使用为目的”的恶意商标注册申请行为，坚决打击囤积商标的注册申请行为，有效规范商标申请注册秩序。

案 例

某企业管理咨询公司自2017年起在第14类、第29类、第30类、第32类、第36类等30多个类别上累计提交商标注册申请数百件，其中仅2019年12月就申请了100多件商标。

经查，该公司为自然人独资的有限责任公司，成立于2017年，注册资本100万元但未公示实缴资本，经营范围为太阳能热水器产品咨询、旅游咨询、企业形象策划咨询等。该申请人在30多个类别上提交数量巨大的商标注册申请，其中包含了与其营业范围行业跨度较大的类别，如第30类食品，和有较强行业属性及资质要求的特殊类别，如第36类金融服务等，远超其经营范围，不符合商业惯例。申请人在已经拥有数百件注册商标的情况下，又于2019年12月集中提交100多件商标注册申请，其提交商标注册申请数量巨大且合理性难以解释，明显超出正常经营活动需求，缺乏真实使用意图，因此认定构成不以使用为目的的恶意商标注册申请，适用《商标法》第四条予以驳回。

三、商标无效

（一）法律依据

《商标法》第四十四条规定：已经注册的商标，违反本法第四条、第十条、第十一条、第十二条、第十九条第四款规定的，或者是以欺骗手段或者其他不正当手段取得注册的，由商标局宣告该注册商标无效；其他单位或者个人可以请求商标评审委员会宣告该注册商标无效。

《商标法》第四十五条规定：已经注册的商标，违反本法第十三条第二款和第三款、第十五条、第十六条第一款、第三十条、第三十一条、第三十二条规定的，自商标注册之日起五年内，在先权利人或者利害关系人可以请求商标评审委员会宣告该注册商标无效。对恶意注册的，驰名商标所有人不受五年的时间限制。

（二）无效宣告对象

无效宣告对象是已经注册的商标，包括：

（1）经商标局初步审定3个月公告期内无人提异议直接准予注册的商标；

（2）对初步审定公告的商标提出异议，由商标局调查核实后作出准予注册决定的商标；

（3）被异议人不服商标局作出的不予注册决定，提出不予注册复审申请，经商标评审委员会审理后，作出准予注册复审决定的商标。

（三）无效理由

（1）不以使用为目的的恶意商标注册申请（《商标法》第四条），是指有证据证明申请人商标注册时缺乏真实使用意图，或取得商标注册后，既无实际使用行为，也无准备使用行为，申请人未能有效举证其使用意图或就其不使用行为作出合理解释的。

（2）违反禁止性规定：即违反《商标法》第十条“关于商标禁用标志”、第十一条“因不具有显著特征不得注册”、第十二条“关于三维标志不得注册的情形”的规定。

（3）以欺骗手段取得注册的，是指以虚构、隐瞒事实真相、提交伪造的申请书件或者其他证明文件等手段骗取商标注册。以其他不正当手段取得注册的，是指采用欺骗手段以外的扰乱商标注册秩序、损害公共利益、不正当占有公共资源或者以其他方式谋取不正当利益等其他不正当手段取得注册。

（4）侵犯他人在先权利的，包括《商标法》第十三条第二款和第三款“驰名商标保护”；《商标法》第十五条“代理人、代表人或者有特定关系的他人恶意抢注”；《商标法》第十六条第一款“地理标志保护”；《商标法》第三十条“与在先初步审定或者注册商标相同或者近似”；《商标法》第三十一条“与在先申请商标相同或者近似”；《商标法》第三十二条“不得损害在先权利、不得以不正当手段抢注他人已经使用并有一定影响的商标”。

（5）商标代理机构的行为规范，即《商标法》第十九条第四款“商标代理机构除对其代理服务申请商标注册外，不得申请注册其他商标”。

你知道吗

无效宣告程序中所适用的法律依据与异议程序中所适用的法律依据基本相同。不同之处在于：异议程序中异议的对象是初步审定公告的商标，无效宣告程序中无效宣告的对象是已经注册的商标。

四、商标撤销

（一）法律依据

《商标法》第四十九条第二款规定：注册商标成为其核定使用的商品的通用名称或者没有正当理由连续三年不使用的，任何单位或者个人可以向商标局申请撤销该注册商标。商标局应当自收到申请之日起九个月内做出决定。有特殊情况需要延长的，经国务院工商行政管理部门批准，可以延长三个月。

《商标法实施条例》第六十六条规定，有《商标法》第四十九条规定的注册商标无正当理由连续 3 年不使用情形的，任何单位或者个人可以向商标局申请撤销该注册商标，提交申请时应当说明有关情况。商标局受理后应当通知商标注册人，限其自收到通知之日起 2 个月内提交该商标在撤销申请提出前使用的证据材料或者说明不使用的正当理由；期满未提供使用的证据材料或者证据材料无效并没有正当理由的，由商标局撤销其注册商标。

前款所称使用的证据材料，包括商标注册人使用注册商标的证据材料和商标注册人许可他人使用注册商标的证据材料。以无正当理由连续3年不使用为由申请撤销注册商标的，应当自该注册商标注册公告之日起满3年后提出申请。

《商标法实施条例》第六十七条规定，下列情形属于《商标法》第四十九条规定的正当理由：（1）不可抗力；（2）政府政策性限制；（3）破产清算；（4）其他不可归责于商标注册人的正当事由。

"撤销没有正当理由连续三年不使用注册商标"制度的目的是清除长期未使用的闲置商标，防止商标抢注，鼓励真正善意使用人积极使用商标，使商标体现其本身的市场经济价值。

（二）撤销商品/服务项目

对没有正当理由连续三年不使用注册商标可以提出的撤销分为：

1. 全部撤销

如果撤销申请是针对被申请商标的全部核定使用商品提出，商标注册人就被申请商标在部分核定使用商品上的使用进行举证，仅可维持被申请商标在该部分商品和类似商品上的注册；其他非类似商品上的注册不能维持。商标注册人在核定使用商品之外的类似商品上的使用进行举证，不能视为对其注册商标的使用。

2. 部分撤销

如果撤销申请是针对被申请商标的部分核定使用商品提出，则商标注册人必须针对被申请的商品及其类似商品进行举证，无法举证的将导致被申请商品予以撤销。

你知道吗

美国商标法中关于“商标使用”的规定非常严格，不仅只有已经在美国使用的商标才能最终获得注册，而且对于注册成功的商标也有强制使用的规定，否则注册商标也会被美国专利商标局主动撤销。

美国商标需在商标核准注册之后，自注册之日起第5~6年与第9~10年提供商标所附之商品或服务在美国使用的证据。同时，使用证据的类型多样，商标申请人需要在日常的商业活动中注意收集保存各种类型的使用证据，以免商标权利出现瑕疵。

五、商标侵权

商标侵权，是指行为人未经商标权人许可，在相同或类似商品上使用与其注册商标相同或近似的商标，或者其他干涉、妨碍商标权人使用其注册商标，损害商标权人合法权益的其他行为。

（一）商标侵权行为类型

商标侵权的具体情形规定于《商标法》第五十七条。有下列行为之一的，均属侵犯注册商标专用权：

（1）未经商标注册人的许可，在同一种商品上使用与其注册商标相同的商标的；

（2）未经商标注册人的许可，在同一种商品上使用与其注册商标近似的商标，或者在类似商品上使用与其注册商标相同或者近似的商标，容易导致混淆的；

（3）销售侵犯注册商标专用权的商品的；

（4）伪造、擅自制造他人注册商标标识或者销售伪造、擅自制造的注册商标标识的；

（5）未经商标注册人同意，更换其注册商标并将该更换商标的商品又投入市场的；

（6）故意为侵犯他人商标专用权行为提供便利条件，帮助他人实施侵犯商标专用权行为的；

（7）给他人的注册商标专用权造成其他损害的。

（二）商标侵权解决途径

《商标法》第六十条规定：有本法第五十七条所列侵犯注册商标专用权行为之一，引起纠纷的，由当事人协商解决；不愿协商或者协商不成的，商标注册人或者利害关系人可以向人民法院起诉，也可以请求工商行政管理部门处理。可见，解决商标侵权纠纷，可以通过由工商行政管理部门处理的行政途径，也可以通过向人民法院提起诉讼的司法途径。

1. 行政解决途径

县级以上工商行政管理部门在受理商标侵权案件后，通过调查取证、在认定事实的前提下，制止侵权行为，并根据侵权人违法事实和情节轻重作出行政处罚。具体处罚措施包括：

（1）责令立即停止侵权行为；

（2）没收、销毁侵权商品和主要用于制造侵权商品、伪造注册商标标识的工具；

（3）违法经营额五万元以上的，可以处违法经营额五倍以下的罚款，没有违法经营额或者违法经营额不足五万元的，可以处二十五万元以下的罚款。对五年内实施两次以上商标侵权行为或者有其他严重情节的，应当从重处罚。

选择工商行政管理部门处理商标侵权案件，有其独特优势：受理案件的人员业务熟悉，处理程序简便，结案较快，因而省时省力。但其明显的不足之处是行政处理决定无终局效力，当事人如对工商行政管理部门处理不服的，仍可以向人民法院起诉。

2. 诉讼解决途径

商标侵权案件可以由侵权行为地或者侵权人所在地人民法院管辖。对此，被侵权人可以自主选择侵权行为地或侵权人所在地人民法院起诉。根据《最高人民法院关于第一审知识产权民事、行政案件管辖的若干规定》，商标权（不涉及驰名商标认定）侵权纠纷案件，一般由最高人民法院确定的基层人民法院管辖。

人民法院一般商标侵权案件的处理采用民事制裁的方式。基于被侵权人行使的禁止请求权、损失赔偿请求权、归还不当利益请求权、恢复信誉请求权，人民法院可单独采用或合并采用以下办法：

（1）责令侵权人立即停止侵害。可以销毁构成侵权行为的物品，收缴主要用于侵权行为的材料、工具等。

（2）消除影响，恢复被侵权人的信誉，如责令被侵权人在报纸杂志上登载道歉声明等，以恢复被侵权人的商业信誉。

（3）赔偿被侵权人的损失，赔偿额的计算办法为被侵权人在被侵权期间因被侵权所受到的损失或者侵权人在侵权期间因侵权所获得的利润。另外，被侵权人因调查、取证、聘请诉讼代理人或非诉讼代理人所花的费用，侵权人也应予以赔偿。

《商标法》第六十三条规定，侵犯商标专用权的赔偿数额，按照权利人因被侵权所受到的实际损失确定；实际损失难以确定的，可以按照侵权人因侵权所获得的利益确定；权利人的损失或者侵权人获得的利益难以确定的，参照该商标许可使用费的倍数合理确定。对恶意侵犯商标专用权，情节严重的，可以在按照上述方法确定数额的一倍以上五倍以下确定赔偿数额。赔偿数额应当包括权利人为制止侵权行为所支付的合理开支。

人民法院为确定赔偿数额，在权利人已经尽力举证，而与侵权行为相关的账簿、资料主要由侵权人掌握的情况下，可以责令侵权人提供与侵权行为相关的账簿、资料；侵权人不提供或者提供虚假的账簿、资料的，人民法院可以参考权利人的主张和提供的证据判定赔偿数额。

权利人因被侵权所受到的实际损失、侵权人因侵权所获得的利益、注册商标许可使用费难以确定的，由人民法院根据侵权行为的情节判决给予五百万元以下的赔偿。

(4) 除上述主要办法外，人民法院还可以采取训诫、责令具结悔过、没收非法所得、罚款或拘留等措施。

你知道吗

当权利人的商标专用权被侵害时，权利人既不愿意花大的时间成本进行诉讼或者行政查处，又不愿意对侵权行为放任不管，此时权利人可以采取费用较低的向侵权人发送警告函的方式。

警告函是指以法律函件的形式，向侵权人指出侵权事实，说明其侵权行为的法律后果，并依法向侵权人指出明确的停止侵权要求。例如，日本光荣公司发现北京三鼎梦软件服务有限公司（3DM）侵权行为时，日本光荣公司向3DM发送了警告函，表示该公司拥有《三国志》系列游戏的著作权以及“三国志”系列商标权，3DM未经授权发布《三国志13》游戏破解版，并提供免费下载，认为3DM的行为已侵犯了该公司的著作权及商标权，要求3DM删除相关下载内容，并公开道歉。3DM随后回应称，已全部删除侵权内容。如果商标权利人希望侵权人只要停止侵权即可，其主要目的不是获取侵权赔偿，权利人就可以选择发送警告函的方式来进行维权。

第四节　商标运营

一、商标使用

《商标法》第四十八条规定，商标的使用，是指将商标用于商品、商品包装或者容器以及商品交易文书上，或者将商标用于广告宣传、展览以及其他商业活动中，用于识别商品来源的行为。

《商标法实施条例》第六十三条规定，使用注册商标，可以在商品、商品包装、说明书或者其他附着物上标明“注册商标”或者注册标记。注册标记包括㊟和®。使用注册标记，应当标注在商标的右上角或者右下角。

规范的商标使用不但有助于稳定商标权利基础，还可以提高品牌知名度，增加品牌附加价值。

《商标法》第五十六条规定，注册商标的专用权，以核准注册的商标和核定使用的商品为限。

（一）商标标志使用要求

商标标志在使用过程中应严格与核准注册的商标标志保持一致，不得有任何改变，包括字体、各元素之间的位置和比例、背景、颜色组合等要求。

有时市场部门在做产品广告宣传时，出于艺术角度考虑，通常会自发地对商标的局部进行调整，如左右位置改为上下位置，甚至根据不同的宣传时点，直接替换商标的部分元素，这些都是商标不规范使用的情形。

你知道吗

我们在日常生活中看到的商标标注的“TM”并不是注册商标，而是商业标记。TM标记可以使用，但不受法律保护。严格来讲，TM的管理并没有严格规定，在商标未注册成功时，经营者需要告知他人该标志已经作为商标使用，那么无论该商标是否成功注册都可以使用TM。但是，对于注册商标而言，如果经营者改变了注册图样，或者商品类别没有覆盖到，滥用㊟和®商标有可能会遭到地方工商行政管理部门处罚。

（二）商标标志使用范围

商标标志使用范围包括商标标志使用的商品或服务。商标标志使用的商品或服务是指企业商标使用应以商标核准注册的商品或服务范围为限，不能超过该范围。商标标志使用渠道常见的有商品、商品包装、交易文书、广告宣传等商业活动。通常交易文书上商标的使用在商标法律案件或诉讼案件中是证据链的重要组成部分，对证明案件事实起着关键的作用。

你知道吗

“㊟和®”是注册商标的标记，只有注册商标才能进行标注，否则就是假冒商标。重要的是企业在使用注册商标时，必须按照提交商标注册申请时的商标图样使用，商标的组成部分在使用的过程中不能缺少，更不能自行变换其组成顺序，否则一经发现又不进行改正的，国家商标局将以“自行改变其注册商标”撤销该注册商标。这种情况例如，对文字图形以组合方式申请的商标，在企业不注意的情况下经常会把文字图形分开使用，或者调换位置，那么就会存在比较大的风险。另外，文字商标注册时以某种字体注册，使用时商标也一定要照原字体使用，否则不能标注㊟或®标记。

二、商标转让

商标转让是商标权利人依法定程序将注册商标的专用权转让给他人的民事法律行为，是商标运营中最常见的方式之一。商标转让的实质是商标权利主体的变更。

商标转让作为商标权利取得的一种途径，其重要性越来越受到市场参与者的重视，由于通过商标转让获得商标权的时间快、程序简单和权利稳定等因素，越来越多的个人和企业也倾向于以商标转让方式获得适宜的商标权。

案 例

20 世纪 90 年代，浙江杭州的章鹏飞同时在 40 多个类别下注册了“现代”商标。2002 年，韩国现代集团与北京汽车投资公司合资成立的北京现代汽车有限公司在汽车上市后发现，“现代”商标早已经被注册。北京现代汽车有限公司董事长亲自上门拜访章鹏飞商议此事。最终章鹏飞以“现代”的汽车商标权作为交换，获得了现代汽车在浙江省的总经销权，2003 年这个省级总经销权的估价就已经达到 4000 万元了，不仅如此，章鹏飞还据此在杭州开了一家现代汽车的 4S 店，当年营收达到 4 个亿。

（一）商标转让形式

商标转让一般有以下几个形式：合同转让、继受转让、因行政命令而发生的转让。

合同转让即将注册商标通过签署转让合同或协议转让给他人。这种形式的转让一般是有偿的，即转让人通过转让注册商标专用权而收取一定的转让费用。

继受转让，一般有两种情形，一种是注册所有人（自然人）死亡，继承人按照继承程序继承死者生前所有的注册商标；

另一种是作为商标所有人的企业被合并或被兼并时的继受转移。

因行政命令而发生的转让，一般发生在公有制国家。这里所说的行政命令主要是那些引起财产流转的计划和行政命令。例如，我国国有企业根据行政命令发生分立、合并、解散等，必然会发生注册商标主体变化的问题。

在上述商标转让形式中合同转让的方式最为常见，是商标权利人对商标资源的充分利用，充分体现了商标这一无形资产的价值。

（二）商标转让流程

《商标法》第四十二条规定：转让注册商标的，转让人和受让人应当签订转让协议，并共同向商标局提出申请。受让人应当保证使用该注册商标的商品质量。

转让注册商标的，商标注册人对其在同一种商品上注册的近似的商标，或者在类似商品上注册的相同或者近似的商标，应当一并转让。

对容易导致混淆或者有其他不良影响的转让，商标局不予核准，书面通知申请人并说明理由。

转让注册商标经核准后，予以公告。受让人自公告之日起享有商标专用权。

基于上述规定，商标转让的流程一般包括：申请→受理→审查→公告→核发转让证明。

因此，商标转让的双方在达成转让协议后，必须共同向商标局提出申请，经商标局审查核准，下发《商标转让证明》，商标受让人才正式成为商标权利人。

(三) 商标转让渠道

1. 买方主动出击

企业查询到某注册商标，出于实际使用的需求或排除在先权利的考虑，希望能够获得目标商标。购买方可以与商标所有人直接联系洽谈，也可以单独成立一个公司或委托代理机构代为出面洽谈以期获得更合理的对价并避免使目标商标处于风险之中。后一方式的目的在于隐藏购买方的真实身份，避免导致商标所有人提出过高的转让价格，这种情况多数发生在具有一定知名度、经营情况良好的企业。例如，美国苹果股份有限公司从台湾唯冠科技电子股份有限公司手中购买“IPAD”全球商标时，使用的即是苹果公司在英国注册的境外公司IP申请发展有限公司的名义。

2. 公开寻找买方

商标权利人在公共渠道上发布商标售卖信息，例如通过商标代理机构网站，一旦出现有意购买者，双方即可达成转让协议。但目前国内的商标交易市场尚未成熟，交易平台较为局限，容纳的用户量较少，较难形成规模交易；而且交易的安全性仅依靠双方的诚实信用，没有强制力予以保障。

(四) 转让前尽职调查

1. 调查商标档案

即对于商标的申请注册信息以及最新的权属信息、法律状态等进行详尽调查。

2. 判断商标可能存在的风险

（1）正在申请中的商标，也可以转让，但是如果未能成功注册，则转让目的无法达到。

（2）商标转让的双方必须要有营业执照，自然人一般需要有个体户执照，不然无法核准。

3. 调查商标实际使用情况

（1）如果目标商标已连续三年未使用，那么该商标有可能因为连续三年未使用被提出撤销。商标一旦转让，被撤销的风险就会转移到受让方。例如，甲从乙处购买了 A 商标，还未来得及使用，A 商标便被他人以三年未使用为由提出了撤销，如果该商标在乙处已经闲置多年，乙也不能提供任何使用证据，A 商标注定会被撤销，最终甲花费了大量的时间和成本，却无法获得能够使用的商标。

（2）第三方许可。商标转让人如果正在许可他人使用其注册商标的，须征得被许可人同意后方可转让给第三方。换言之，如果甲有一个商标许可给第三方使用了，在许可使用过程中，甲要转让给乙的话，必须得到第三方的同意。

4. 注册商标是否被质押

如果商标已经被质押，则需要质权人同意才能转让。《民法典》第四百四十四条规定，知识产权中的财产权出质后，出质人不得转让或者许可他人使用，但是出质人与质权人协商同意的除外。出质人转让或者许可他人使用出质的知识产权中的财产权所得的价款，应当向质权人提前清偿债务或者提存。

基于此，可以采取如下措施：第一，暂停转让，待出质人与质权人协商一致，或解除质押之后再转让；第二，双方签订的转让合同将质权人的同意作为后续履行的先决条件；第三，双方与质权人共同签订合同，就转让及质权事宜达成一致解决方案。

5. 分析商标是否有成为通用名称的可能性

根据《商标法》第四十九条第二款，注册商标成为其核定使用的商品的通用名称或者没有正当理由连续三年不使用的，任何单位或者个人可以向商标局申请撤销该注册商标。商标局应当自收到申请之日起九个月内做出决定。有特殊情况需要延长的，经国务院工商行政管理部门批准，可以延长三个月。

因此，即使拟转让商标在签署《注册商标转让合同》时并未处于不稳定状态，但是如果该商标已成为通用名称，或存在成为通用名称的可能性，则在商标受让后存在较大的被撤销的可能性。

在此情况下，如受让人仍需签署《注册商标转让合同》受让该注册商标，除了在受让商标后采取措施防止“商标通用名称化”外，建议在合同中由转让人作出保证并对商标因成为通用名称而撤销后的处置方式和责任承担作出具体的约定。

6. 查询是否存在前一轮转让

查询在本次商标转让之前，拟转让注册商标是否存在前一轮的商标转让。如果存在的，则应核实前一轮转让是否已经完成，即是否已核准公告。如前一轮转让未核准公告，则对于本轮转让，商标局将不予受理。

在此情况下，商标专用权尚未转移至本轮的转让人，其并非商标注册人，如本轮的受让人基于商业考虑仍需与本轮转让人签署《注册商标转让合同》，则应对拟转让商标在签署合同时正处于转让中的状态予以明示，将完成前一轮商标转让约定为转让人的义务，并在支付转让费用时予以考虑。如前一轮转让被商标局不予核准，虽然本轮转让人并非商标注册人，但是其与受让人签署的《注册商标转让合同》在不违反法律、行政法规强制性规定的情况下依旧有效，转让人应向受让人承担违约责任。

7. 确认合同签订日是否临近注册商标专用权期限

查询拟转让商标的商标专用权期限是否临近合同签订日（距离商标专用权期限届满 1 年以内），如临近合同签订日，则应对商标的续展义务作出明确约定，包括续展的时间、费用承担等，建议将此约定为转让人在向商标局提交转让申请前需要履行的义务。

虽然注册商标可以通过续展获得类似“永久”的保护，但是，每次续展的有效期为10年，商标注册人应于商标有效期满前12个月内申请续展注册，如在此法定期间内未申请，还可以依法享有6个月的宽展期。如未在规定时间内续展，则注册商标将被注销，且在注销后1年内，商标局将不会核准与该商标相同或者近似的商标注册申请，此时转让人和受让人均不能成为该商标的注册人。在商标转让过程中，一般核准公告的时间约为提交转让申请后的6至12个月，因此如果商标专用权期限临近合同签订日，则有可能导致注册商标因未及时续展而注销，所以应在商标转让合同中将续展约定为转让人的义务。

8. 确定是否存在类似商标

《商标法》第四十二条第二款规定：转让注册商标的，商标注册人对其在同一种商品上注册的近似的商标，或者在类似商品上注册的相同或者近似的商标，应当一并转让。

《商标法实施条例》第三十一条规定，转让注册商标，商标注册人对其在同一种或者类似商品上注册的相同或者近似的商标未一并转让的，由商标局通知其限期改正；期满未改正的，视为放弃转让该注册商标的申请，商标局应当书面通知申请人。

对此风险，最好是事先查询转让人名下的所有商标，若发现上述情况则一并纳入转让。如果转让人不同意，则考虑在合同中约定，当出现“商标局根据《商标法》第四十二条第二款规定的要求限期改正、一并转让”的情况时，转让人应无条件配合且不得另外要求费用。转让人一般会接受该条款，否则转让将无法进行，导致不得不解除合同、退还费用。

你知道吗

2000年，苹果公司尚未推出IPAD平板电脑，唯冠国际旗下的唯冠台北公司在多个国家与地区分别注册了IPAD商标，用于电脑等多种电子产品。2001年，唯冠国际旗下深圳唯冠科技公司又在中国注册了IPAD商标的两种类别。2009年12月23日，唯冠国际CEO和主席杨荣山授权麦世宏签署了相关协议，将10个商标的全部权益转让给英国IP申请发展有限公司，其中包括中国的商标转让协议。协议签署之后，英国IP申请发展有限公司支付了3.5万英镑，然后又以10万英镑的价格，将上述10个IPAD商标所有权转让给了苹果公司。

但是，苹果公司没有进行详细审查，疏忽了中国大陆市场的IPAD商标所有权在深圳唯冠手中。因此，苹果公司与深圳唯冠公司就IPAD商标转让产生纠纷。该案经过调解，苹果公司最终向深圳唯冠公司另行支付了6000万美元，双方一揽子解决了IPAD商标的纠纷。也就是说，苹果公司由于之前未对商标所有人进行详细调查，为获得IPAD商标多支付了6000万美元。

三、商标许可

商标使用许可，是指商标注册人通过法定程序允许他人使用其注册商标的行为，也是商标运营中常见的方式之一。

《商标法》第四十三条规定，商标注册人可以通过签订商标使用许可合同，许可他人使用其注册商标。许可人应当监督被许可人使用其注册商标的商品质量。被许可人应当保证使用该注册商标的商品质量。经许可使用他人注册商标的，必须在使用该注册商标的商品上标明被许可人的名称和商品产地。许可他人使用其注册商标的，许可人应当将其商标使用许可报商标局备案，由商标局公告。商标使用许可未经备案不得对抗善意第三人。

商标许可的实质是商标使用权的让渡，并不发生商标所有权的转移。商标许可通常是以订立使用许可合同的方式，类型有独占使用许可、排他使用许可、普通使用许可。

（一）独占使用许可

商标权的独占使用许可，是指商标注册人在约定的期间、地域和以约定的方式，将该注册商标仅许可一个被许可人使用，商标注册人依约定也不得使用。独占使用许可的被许可人取得该注册商标在合同约定的时间和地域范围内的独占使用权，同时也取得独立的诉讼权利，即在合同有效期间和地域范围内发现他人侵犯该注册商标，被许可人有权请求工商行政管理部门处理，或单独向人民法院提出诉讼，当然被许可人也可以与商标权人一起获取救济。

需注意的是，商标独占许可之后除了许可人自己不得在约定的区域内使用外，许可人更不可以再将同一商标许可给第三人。比如，如果 A 将商标以独占使用许可方式许可给 B 使用，那么该商标只能 B 使用，A 不能使用，其他人也不能使用，当然 B 也不能许可给其他人使用，但是如果合同另有约定的除外。

（二）排他使用许可

商标权的排他使用许可，是指商标注册人在约定的期间、地域和以约定的方式，将该注册商标仅许可给一个被许可人使用，商标注册人依约定仍可以使用该注册商标但不得另行许可他人使用。排他使用许可的被许可人在合同授权范围内，是唯一的被许可人，但是不能排斥商标权人在合同约定的期间和地域范围内使用该注册商标。排他使用许可的被许可人的诉讼权利小于独占使用许可的被许可人，作为该注册商标的利害关系人，在发现侵权行为时，可以单独或与商标权人一起请求工商行政管理部门处理，或者与商标权人共同起诉，但只有在商标权人不起诉的情况下，才能单独向人民法院提起诉讼。

（三）普通使用许可

商标权的普通使用许可，是指商标注册人在约定的期间、地域和以约定的方式，许可他人使用其注册商标，并还可自行使用该注册商标和许可他人使用其注册商标。商标的普通使用许可在合同授权范围内可能存在多个被许可人，且普通使用许可的被许可人不能排斥商标权人以及其他被许可人以合同约定的方式在合同约定的期间和地域范围内使用该注册商标。普通使用许可的被许可人作为该注册商标的利害关系人，在发现侵权行为时，可以单独或与商标权人一起请求工商行政管理部门处理，但只有在经商标权人明确授权时，才能向人民法院提起诉讼。

你知道吗

商标许可他人使用之后，商标注册人就丧失了对商标的强控制。被许可人如何使用商标，其提供的产品质量如何，对许可商标的知名度和美誉度将产生直接影响。所以，作为商标持有人应积极履行对被许可人的监管职能，一方面保证商标的规范合法使用；另一方面对产品质量进行严格把控，保证品牌的美誉度。

签订商标许可合同时还需要注意一些问题：

首先，在签订商标许可协议之前，许可人应当对被许可人的法人资格、生产能力、管理水平、产品质量等进行考察，预防被许可人因实力或者信誉原因影响商标的美誉度。

其次，许可人有权保证商标权的确定性和稳定性，维护被许可人的使用权。如果需要商标续展，许可人应当承担所需费用。如果出现侵权行为，独占许可和排他许可可由被许可人提起诉讼。普通许可由许可人提起诉讼，但是被许可人需要将有关侵权的证据及时告知许可人。

四、商标质押

商标质押，即商标注册人以债务人或者担保人身份将自己所拥有的、依法可以转让的商标专用权作为债权的担保。在债务人到期不履行债务时，债权人可对登记的商标专用权依法予以拍卖、变卖，并对所得价款拥有优先受偿的权利。

目前在各地政府的积极推进下，已经有多家银行为信誉度较高的企业、甚至中小型企业推出了“知识产权质押融资”这一新型金融服务模式。但企业想通过商标质押从银行获得贷款仍然困难重重，尤其是尚无驰名商标和著名商标的中小型企业。这些困难产生的主要原因：一是商标权的价值难以得到公允的评估，二是商标的不稳定性导致银行回收贷款的风险较大。为了降低银行的风险厌恶，企业可以适时寻求“组合标的”质押融资方法，通过将商标权和其他资产捆绑进行质押融资的方式来增加商标融资的成功率。

国家知识产权局商标局为了落实商标质押融资的需求，进一步提升商标质押登记服务水平，助力解决中小微企业融资难题，推出了商标质押登记服务的四项措施，即：

第一，完善咨询、查询服务。

商标局依托各地开展商标质押登记业务的商标业务受理窗口为申请人提供咨询、查询服务。

咨询服务主要解释申请人办理商标质押登记手续、准备申请文件中的各种问题，窗口可以根据情况提供电话咨询和现场咨询。

查询服务主要是对申请人准备的申请文件予以初步核对审查、对出质商标中涉及相同或近似商标应该一并办理的进行初步审查。对于存在疑难情况的质押申请，或者商标数量较多近似商标复杂的质押申请，窗口工作人员可以利用填写《出质商标查询申请表》等方式，转由商标局受理工作人员进行查询。

第二，进一步提高登记效率。

各地开展商标质押登记业务的商标业务受理窗口要严格实行首问负责制，严格执行一次性告知原则，杜绝因告知不清导致服务对象往返跑路情况发生。对确有需求的当事人，要提供专项、高效、便捷的服务渠道。工作中遇到的疑难问题，应及时与商标局工作人员沟通联系。

商标局受理工作人员要严格遵守《注册商标专用权质押程序规定》的办理时限，对于申请登记书件齐备、符合规定的，于两个工作日内办结。

第三，提供快速登记绿色通道服务。

当事人请求快速登记的，应书面提出申请，陈述具体理由。经窗口工作人员核实相关情况属实的，及时联系商标局受理工作人员提供快速登记绿色通道服务。

商标局受理工作人员收到相关申请后，对符合快速登记条件的质押申请，应及时启动快速登记绿色通道，符合登记条件的，应于当日及时办结。

第四，加强业务能力建设。

商标局针对窗口工作人员开展多种形式的业务培训。各地开展商标质押登记业务的商标业务受理窗口要高度重视相关工作人员培训工作，保障其业务学习和培训时间。

相关工作人员要通过认真学习掌握《商标法》相关知识，熟悉《注册商标专用权质押程序规定》《窗口质押受理工作规程》等相关规定，提升业务能力和服务水平。

你知道吗

2008 年，甘肃省张掖市甘州区花寨小米种植专业合作社结合本地的气候特征和土壤结构制订出了沿山冷凉灌区特有的谷子种植技术规程。经过几年的试验试种，合作社生产的小米、黄米生长环境无污染，合作社于 2010 年成功注册了“金花寨”商标。2015 年，合作社资金周转遇到了前所未有的困难，花寨小米种植专业合作社利用商标权质押，从兰州银行张掖分行成功贷款 3000 万元，解决了合作社生产、发展的燃眉之急。这是张掖市首笔利用商标权质押获得的贷款，为创业创新企业融资找到了新的途径。

第五节　驰名商标

一、驰名商标的概念和意义

（一）驰名商标概念

根据《驰名商标认定和保护规定》，驰名商标是在中国为相关公众所熟知的商标。相关公众包括与使用商标所标示的某类商品或者服务有关的消费者，生产前述商品或者提供服务的其他经营者以及经销渠道中所涉及的销售者和相关人员等。

驰名商标既不是商标中的一种类型，也不是脱离于商标而单独存在的权利。

（二）驰名商标意义

1. 企业品牌建设

驰名商标不仅是一种含金量极高的荣誉，更是对其知名度、美誉度远高于普通商标的肯定，是企业获得市场优势地位的利器，是企业可持续发展的源动力。

商业调查显示：两袋相同的薯条一袋标 商标，另一袋未标任何商标，更多的孩子更爱吃标 商标的薯条，且爱吃标 商标薯条的孩子数量是不爱吃标 商标薯条的孩子数量的数倍，孩子们认为标 的薯条更好吃。由此，驰名商标的威力可见一斑。

无论在国内还是国际上，作为商标的极致，驰名商标能够为企业带来高额利润。美国通过世界驰名商标可口可乐、麦当劳、耐克、苹果、微软在全世界获取了高额利润。

2. 企业资产增值

驰名商标的认定，将显著提高企业无形资产价值，并可在企业年度审计、企业资产评估或无形资产评估中得到量化。

认定为驰名商标，有利于提高企业融资能力，有利于提高企业股票在股市上的价值，对股民形成更强的吸引力。

驰名商标进行质押贷款不仅可优先处理，而且可获得更高的贷款额度。无锡市明珠电缆有限公司“明珠”商标质押贷款1500万元，驰名商标“会稽山”为企业获得8200万元质押贷款，江苏梦兰集团通过质押“梦兰”商标获得了2亿元商标权质押贷款。

在商标许可方面，驰名商标可获得更高的许可对价，“五粮液”商标每年许可使用费达上亿元。

二、驰名商标的保护模式

未注册商标和已注册商标均可以被认定为驰名商标，但是保护模式不同。

（一）未注册商标的本领域保护

《商标法》第十三条第二款规定，就相同或者类似商品申请注册的商标是复制、摹仿或者翻译他人未在中国注册的驰名商标，容易导致混淆的，不予注册并禁止使用。

未在中国注册的驰名商标所有人享有以下权利：

（1）如他人违反《商标法》第十三条第二款的规定，在商标注册过程中，未注册驰名商标所有人可以请求商标局驳回他人的注册申请；

（2）如他人违反《商标法》第十三条第二款的规定，在商标评审过程中，未注册驰名商标所有人可以请求商标评审委员会撤销他人已注册的商标，其权利行使期限为自他人商标注册之日起五年内，对于他人恶意注册的，驰名商标所有人不受五年时间限制；

（3）他人使用与未注册驰名商标相同或相似的商标用于相同或类似商品上，容易导致混淆的，未注册驰名商标所有人可以请求工商行政管理部门禁止使用；

（4）将他人未注册的驰名商标作为企业名称中的字号使用，误导公众，构成不正当竞争行为的，依照《中华人民共和国反不正当竞争法》处理。

（二）驰名商标的认定

《商标法》第十四条规定，驰名商标应当根据当事人的请求，作为处理涉及商标案件需要认定的事实进行认定。认定驰名商标应当考虑下列因素：

（1）相关公众对该商标的知晓程度；

（2）该商标使用的持续时间；

（3）该商标的任何宣传工作的持续时间、程度和地理范围；

（4）该商标作为驰名商标受保护的记录；

（5）该商标驰名的其他因素。

在商标注册审查、工商行政管理部门查处商标违法案件过程中，当事人依照本法第十三条规定主张权利的，商标局根据审查、处理案件的需要，可以对商标驰名情况作出认定。

在商标争议处理过程中，当事人依照本法第十三条规定主张权利的，商标评审委员会根据处理案件的需要，可以对商标驰名情况作出认定。

在商标民事、行政案件审理过程中，当事人依照本法第十三条规定主张权利的，最高人民法院指定的人民法院根据审理案件的需要，可以对商标驰名情况作出认定。

生产、经营者不得将“驰名商标”字样用于商品、商品包装或者容器上，或者用于广告宣传、展览以及其他商业活动中。

实践中，根据《驰名商标认定和保护规定》，以下材料可以作为证明符合《商标法》第十四条第一款规定的证据材料：

（1）证明相关公众对该商标知晓程度的材料。

（2）证明该商标使用持续时间的材料，如该商标使用、注册的历史和范围的材料。该商标为未注册商标的，应当提供证明其使用持续时间不少于五年的材料。该商标为注册商标的，应当提供证明其注册时间不少于三年或者持续使用时间不少于五年的材料。

（3）证明该商标的任何宣传工作的持续时间、程度和地理范围的材料，如近三年广告宣传和促销活动的方式、地域范围、宣传媒体的种类以及广告投放量等材料。

（4）证明该商标曾在中国或者其他国家和地区作为驰名商标受保护的材料。

（5）证明该商标驰名的其他证据材料，如使用该商标的主要商品在近三年的销售收入、市场占有率、净利润、纳税额、销售区域等材料。

前款所称“三年”“五年”，是指被提出异议的商标注册申请日期、被提出无效宣告请求的商标注册申请日期之前的三年、五年，以及在查处商标违法案件中提出驰名商标保护请求日期之前的三年、五年。

（三）已注册商标的跨领域保护

《商标法》第十三条第三款规定，就不相同或者不相类似商品申请注册的商标是复制、摹仿或者翻译他人已经在中国注册的驰名商标，误导公众，致使该驰名商标注册人的利益可能受到损害的，不予注册并禁止使用。

根据上述规定，注册驰名商标所有人的禁止权，不限于类似商品上的近似使用，还包括非类似商品的使用。这一规定实现了对注册驰名商标的跨类保护，从而使得对注册驰名商标的保护水平，明显高于对普通注册商标和未注册驰名商标的保护水平。

具体而言，前文所述未注册驰名商标所有人享有的“特权”，注册驰名商标所有人当然享有；《商标法》对普通注册商标保护的一般性规定也适用于注册驰名商标；如当注册驰名商标与普通注册商标发生了冲突时，优先保护注册驰名商标。

你知道吗

如果一个商标本身的显著性越强，那么对其的使用就越可能造成对相关公众的误导，反之则越弱。除了享有普通注册商标的保护外，驰名商标还享有特别的保护：

第一，对抗恶意抢注，所谓恶意抢注指申请人利用不合理或不合法的方式，将他人已经使用但尚未注册的商标以自己的名义申请注册；

第二，对抗不同商品的相同（似）商标影响，相同（似）商标指完全相同或在视觉上难于区分的商标；

第三，对于近似商标的认定更容易，近似商标指易造成消费者混淆的商标，即容易使消费者混淆商品或服务来源的商标；

第四，在假冒商标犯罪案件立案调查时，不受立案金额的限制；

第五，可以防止其他公司以驰名商标作为公司名称进行工商登记；

第六，在电子商务中避免域名被他人注册。

案　例

1971 年，第一家星巴克咖啡店在美国西雅图市的派克市场正式开业。“STARBUCK”取自美国作家梅尔维尔的著名小说《白鲸》，该小说故事中有一艘捕鲸船，船上有位名叫“Starbuck”的处事冷静、极具性格魅力的大副。所以星巴克希望借由书中人物，唤起公海的浪漫和早期咖啡贸易商的航海传统。

星巴克商标的灵感则来源于希腊神话中的海妖塞壬，故事中的美人鱼会用动听的歌声引诱海员，星巴克便希望能吸引更多的顾客前来品尝咖啡。

1985年，星巴克在美国申请了世界上第一个“STARBUCKS”商标。此后，“STARBUCKS”和图形商标陆续在全球多个国家和地区申请注册，核定使用商品和服务类别达20多个。1987年，被视为“能把咖啡磨成金子”的舒尔茨收购了星巴克，开始了星巴克的全球神话打造过程。舒尔茨游历意大利之时，被意大利咖啡馆中独特的文化氛围所吸引，便决心按照意大利咖啡馆的模式进行经营，将星巴克变成一个家庭和工作之外有独特文化氛围的“第三空间”。同年，舒尔茨对星巴克的商标进行了升级，绿色的美人鱼形象开始深入人心。

1992年6月，星巴克成功登陆纳斯达克，顺利完成首次公开募股（IPO）。同时，也对第三代商标中的美人鱼形象进行完善，突出面部的微笑表情使之更有亲和力，避免使人联想到邪恶的海妖形象。从此之后，星巴克逐步走上了多元化发展道路，其商标在2011年全面变绿，美人鱼替代了外圈的文字，完全代表了星巴克。

而在中国，星巴克于1994年通过马德里国际注册在中国成功申请了第一个商标——“STARBUCKS”，核定使用于第42类。关于中文译名，星巴克早期陆续申请了“星源”“史塔巴克斯”的商标，直到1998年才正式敲定了如今的“星巴克”。

1999年，中国大陆的第一家星巴克门店终于落地北京国贸中心，无数中国人带着好奇进入星巴克。商标中的美人鱼不再是单纯的美人鱼，它成为优雅时尚的文化氛围的凝结。

第四章 著作权

第一节 著作权的概念和保护历史

一、著作权的概念

著作权也就是人们常说的版权，是指作者及其他著作权人对所创作的作品所享有的权利，包括人身权利和财产权利。著作权是知识产权的一种，属于民事权利的范畴。

本章所介绍的著作权除了上述定义之外，还包括与著作权有关的权益，即著作权邻接权。

二、著作权的保护历史

著作权法律制度在世界上产生迄今已经有 300 多年的历史。

17 世纪末的英国，随着图书内容审查制度的废除，图书的特权许可制度也就无从存在，书商维护其垄断的工具不存在了，图书贸易自由就真正实现了。但是，“盗版”自由也没有了任何法律上的障碍。正版书商为和盗版书商竞争，不断地游说国会——“盗版图书侵害了作者的利益”。为了作者的利益，则有必要明确，从作者手中买到的书稿，实质是书稿的内容，而不是书稿本身。自此，人们才在观念上将作品从有形介质中分离出来。

1710年4月10日，世界上第一部著作权法——《安娜女王法》在英国生效。该法的全名为《为鼓励知识创作而授予作者及购买者就其已印刷成册的图书在一定时期内之权利的法》，因为当时在位的是英国安娜女王，后人为简便而冠之以女王之名称为《安娜女王法》。这里的“购买者”并不是图书的购买者，而是指从作者处购买作品并印制成册传播于社会的印刷商和书商。该法的核心是作者权利和出版者权利，但仅涉及作者的经济利益而且侧重对出版商利益的保护，导致长期以来人们将作者权利也视为“版权”，将规范著作权的法律称为版权法而不是著作权法。

《安娜女王法》在世界上首次承认作者是著作权保护的主体，实现了从出版者权利到作者权利的飞跃，确立了近代意义的著作权思想，对世界各国后来的著作权立法产生了重大影响。例如，1790年美国制定的《联邦著作权法》，1793年法国颁布的《著作权法》（或称《作者权法》），1837年德国颁布的第一部现代版权法《普鲁士版权法》，1899年日本制定的第一部《著作权法》。上述法国的著作权法不仅规定了著作财产权，还强调著作权中的人格权内容，该法成为大陆法系诸多国家著作权法的蓝本。

1910 年《大清著作权律》的诞生，标志着中国现代意义上的著作权法的出现。《大清著作权律》分通例、权利期限、呈报义务、权利限制、附则等 5 章共 55 条，虽然当时没有起到实际作用，但是其立法精神和立法理念深刻影响着我国不同历史阶段的著作权立法。北洋政府 1915 年颁布的《著作权法》共 45 条，除了个别条文略有增删合并外，基本上依照了《大清著作权律》；国民党政府 1928 年制定的《著作权法》共 40 条，其内容也与《大清著作权律》基本相同。

中华人民共和国成立之后，国家注意了对作者权利的保护问题，从 1950 年到 1967 年，通过文化部或新闻出版行政管理部门颁布了一些政策文件、规章来保护作者的权益。20 世纪 70 年代末，我国实行改革开放政策以来，全球关注的版权问题也被提上日程，著作权立法开启了新的历程。1979 年中央批准由国家出版局负责组织起草《中华人民共和国著作权法》（简称《著作权法》），由于《著作权法》涉及广泛的社会利益，在立法部门、行政部门、文化出版业和其他社会层面引起了广泛的讨论，经过 11 年的努力，1990 年 9 月 7 日，第七届全国人民代表大会常务委员会第十五次会议通过了中华人民共和国成立以来的第一部《著作权法》，并于 1991 年 6 月 1 日起施行。从此，我国著作权保护走上了正常有序的法制轨道。

2001 年，为了满足加入世界贸易组织的基本要求，2001 年 10 月 27 日第九届全国人民代表大会常务委员会第二十四次会议通过了《关于修改〈中华人民共和国著作权法〉的决定》，对《著作权法》进行了第一次修改。主要修改内容为：一是在音乐、戏剧、曲艺、舞蹈作品项下加入了“杂技艺术作品”；二是正式使用“建筑作品”提法，并将其与美术作品归入同一类；三是采纳《伯尔尼公约》的表述方式，将包括动态摄像的作品描述为“电影作品和以类似摄制电影的方法创作的作品”，并取消了原著作权中的“电视、录像作品”；四是在涉及“实用设计”时增加了“模型作品”。

2010 年，为了履行世界贸易组织有关中美知识产权争端专家组裁定，2010 年 2 月 26 日第十一届全国人民代表大会常务委员会第十三次会议通过了《关于修改〈中华人民共和国著作权法〉的决定》，对《著作权法》进行了第二次修改。主要修改内容为：（1）将第四条修改为“著作权人行使著作权，不得违反宪法和法律，不得损害公共利益。国家对作品的出版、传播依法进行监督管理”。（2）增加一条，作为第二十六条，即“以著作权出质的，由出质人和质权人向国务院著作权行政管理部门办理出质登记”。

为了强化法律衔接，完善著作权保护体系，2020 年 11 月 11 日第十三届全国人民代表大会常务委员会第二十三次会议通过了《关于修改〈中华人民共和国著作权法〉的决定》，对《著作权法》进行了第三次修改，修改内容包括完善作品定义、著作权集体管理、广播权、职务作品、视听作品著作权归属、合理使用、法定许可、职务表演、广播组织权、录音制作者的广播和机械表演获酬权、惩罚性赔偿、法定赔偿数额上下限以及诉前财产保全、行为保全、证据保全、举证责任等。主要修改内容为：(1) 修改了作品的内涵和外延，通过定义强调了著作权保护表达，不保护思想；(2) 将“电影作品和以类似摄制电影的方法创作的作品”修改为“视听作品”；(3) 完善了著作权集体管理制度；(4) 修改了广播权的内涵，使广播这一行为不再局限于无线传播方式，同时包括直接传播作品的有线传播方式；(5) 新增合作作品使用方式规定；(6) 增加了职务作品；(7) 增加了演员职务表演权利；(8) 新增录制者报酬权；(9) 损害赔偿确定；(10) 举证责任新增不侵权抗辩；(11) 在“合理使用”条款中增加兜底条款，并引入国际公约中的“三步检验法”。此次修改后，《著作权法》新修改的部分已经在 2021 年 6 月 1 日起正式实施。

你知道吗

我国“著作权”和“版权”的称谓皆来源于日本。虽然第七届全国人民代表大会常务委员会常务委员会第十五次会议于 1990 年 9 月 7 日通过的《中华人民共和国著作权法》中规定“本法所称的著作权与版权系同义语”，但民间一直存在著作权和版权是不同定义的观点。因此，我国在 2001 年修改《著作权法》时，规定了“本法所称的著作权即版权”，将法律名称统一称为“著作权”。

在过去，作品最重要的传播途径和作者获得收益的渠道莫过于将作品印刷出版，因此对于这种权利的保护被称为版权。现今社会，随着科技的进步，作品的表现形式非常多样，对作品所享有的权利种类也不断增多，版权这个名词就不能涵盖所有作品能够享有的权利了，因此，最严谨的名称应该为“著作权”，而印刷出版之权现在我国法律中称为“出版权”。

三、著作权的特点

著作权作为民事权利，是知识产权的重要组成部分，具有客体的非物质性、专有性、时间性、地域性等知识产权的共性。但与专利权、商标权等知识产权相比，著作权还表现出如下特点。

第一，权利产生的自动性。著作权是基于作品的创作完成而自动取得的，一般不必履行任何形式的登记或者注册手续。专利权、商标权的取得则需要向有关行政主管部门申请，并经审批、登记及公告。

第二，权利主体的广泛性。根据我国《著作权法》的规定，著作权的权利主体可以是自然人、法人、非法人组织。同时，著作权的权利主体也不受行为能力和国籍的限制，未成年人和外国人、无国籍人均可以成为著作权的主体。

第三，权利客体的多样性。著作权保护的作品具有多样性的特点，具体包括文字作品、口述作品、音乐作品、戏剧作品、曲艺作品、舞蹈作品、杂技艺术作品、美术作品、建筑作品、摄影作品、视听作品、工程设计图、产品设计图、地图、示意图等图形作品和模型作品、计算机软件等，这些作品涉及了文学、艺术和科学等多个领域。相比之下，专利权和商标权客体的表现形式和涉及领域则较为有限，如专利权客体为工业领域内的有关产品或方法的技术方案或设计方案，而商标权的客体是任何能够将自然人、法人或者其他组织的商品与他人的商品区别开的标志。

第四，权利内容的复杂性。著作权的权利内容极其丰富，我国《著作权法》共列举了多项著作人身权和 13 项著作财产权。由于著作权客体的多样性，不同的著作权的权利内容又不尽相同。而专利权和商标权等其他知识产权的权利内容相对简单，且主要涉及财产权。

第五，权利保护的相对排他性。专利权和商标权是绝对排他的：同样的发明创造只能授予一件专利；两个或两个以上的申请人在同类或类似商品上以相同或近似商标申请注册的，依法核准其中一个商标，驳回其他注册申请。著作权是相对排他的，并不排斥他人对自己独立创作完成的相同或相近似的作品也取得著作权。

第二节　著作权的产生

《中华人民共和国著作权法实施条例》（简称《著作权法

实施条例》）第六条规定，著作权自作品创作完成之日起产生。

因此，著作权的获得非常简单：作品诞生，权利即得！不必经过任何申请和审批程序。

例如，甲在电脑上写了一部小说，虽然尚未发表且没有读者，但甲已经自动拥有了对该小说的著作权。

你知道吗

著作权的一般原则是作品一旦问世即自动获得著作权，而对发表与否不做要求。

然而，法律具有地域性。换言之，一个国家的法律只能在本国领域内生效，而国家和国家之间的著作权法又存在普遍差异，因此，各国的著作权法在涉及对外国人、无国籍人的作品加以保护时，会从与其他国家是否有共同参加的国际条约或者“对等、互惠”交往的角度加以考虑。基于此，外国人、无国籍人的作品保护问题比较复杂。

《著作权法实施条例》第七条规定，《著作权法》第二条第三款规定的首先在中国境内出版的外国人、无国籍人的作品，其著作权自首次出版之日起受保护。

《著作权法实施条例》第八条规定，外国人、无国籍人的作品在中国境外首先出版后，30 日内在中国境内出版的，视为该作品同时在中国境内出版。

第三节 著作权主体涉及的概念

著作权人包括作者以及其他依法享有著作权的自然人、法人、非法人组织。因此，著作权的主体涉及的概念主要包括作者和著作权人。

《著作权法》第二条规定：

中国公民、法人或者非法人组织的作品，不论是否发表，依照本法享有著作权。

外国人、无国籍人的作品根据其作者所属国或者经常居住地国同中国签订的协议或者共同参加的国际条约享有的著作权，受本法保护。

外国人、无国籍人的作品首先在中国境内出版的，依照本法享有著作权。

未与中国签订协议或者共同参加国际条约的国家的作者以及无国籍人的作品首次在中国参加的国际条约的成员国出版的，或者在成员国和非成员国同时出版的，受本法保护。

《著作权法》第九条规定，著作权人包括：

“（一）作者；

（二）其他依照本法享有著作权的自然人、法人或者非法人组织。”

一、作者

作者包括但不限于自然人。创作文学、艺术和科学作品的自然人是作者。由法人或者非法人组织主持，代表法人或者非法人组织意志创作，并由法人或者非法人组织承担责任的作品，法人或者非法人组织视为作者。在作品上署名的自然人、法人或者非法人组织为作者，且该作品上存在相应权利，但有相反证明的除外。

“法人或非法人组织为作者”必须包括三要素：由法人或非法人组织主持、代表法人或非法人组织意志创作、由法人或非法人组织承担责任。

《著作权法实施条例》第三条规定，《著作权法》所称创作，是指直接产生文学、艺术和科学作品的智力活动。为他人创作进行组织工作，提供咨询意见、物质条件，或者进行其他辅助工作，均不视为创作。

二、著作权人

“作者”与“著作权人”是不同的。著作权人不局限于作者，除了作者可以成为著作权人外，其他自然人、法人或非法人组织都可以成为著作权人。

一些情况下，除了对自己的作品享有著作权外，也可以在一定条件下对他人的作品享有著作权。这样情况的出现就可能涉及著作权的继受。因此，著作权人分为原始著作权人与继受著作权人。著作权的原始取得是指因自己的创作行为，独立取得新作品的著作权，而非基于他人的既存权利。著作权的继受取得，是指基于其他法律事实获得的著作权，而非因自己的创作行为取得著作权。继受著作权可以通过继承、赠与、遗赠、受让等方式获得。另外，无人继承、无人继受的自然人、法人或非法人组织的著作权由国家享有。

你知道吗

创作不受年龄的限制，未成年人当然也可以通过创作成为作者，享有著作权。例如，5岁的小明创作了一首诗并发表，小明就是这首诗的作者，享有著作权。

由于著作权中的人身权（即发表权、署名权、修改权和保护作品完整权）是不能转让的，因此继受著作权人不可能享有完整的著作权。

《著作权法实施条例》第十三条规定，作者身份不明的作品，由作品原件的所有人行使除署名权以外的著作权。作者身份确定后，由作者或者其继承人行使著作权。

第四节　著作权的客体

一、作品

著作权的客体称为作品。根据《著作权法》第三条的规定，作品，是指文学、艺术和科学领域内具有独创性并能以一定形式表现的智力成果，包括：

（1）文字作品；

（2）口述作品；

（3）音乐、戏剧、曲艺、舞蹈、杂技艺术作品；

（4）美术、建筑作品；

（5）摄影作品；

（6）视听作品；

（7）工程设计图、产品设计图、地图、示意图等图形作品和模型作品；

（8）计算机软件；

（9）符合作品特征的其他智力成果。

根据上述定义，作品必须满足以下条件：

（1）必须是文学、艺术和科学领域内的智力成果。

自然产生的内容就不能被视为作品，因为没有人的智力创作过程，也不能成为私有的权利。

（2）作品必须具有独创性。“独创性”是《著作权法》中“作品”的核心特征。

著作权的独创性与专利权意义上的创造性不同，著作权不以新颖性为前提，也不具备排他性，因此作品的独创性有时又被称为初创性或原创性。

我国现行的法律法规并未对独创性作进一步的阐释。根据《最高人民法院关于审理著作权民事纠纷案件适用法律若干问题的解释》第十五条的规定，由不同作者就同一题材创作的作品，作品的表达系独立完成并且有创作性的，应当认定作者各自享有独立著作权。那么从上述规定可以看出，独创性即独立完成并且有创作性。

据此，独创性可以理解为“由两部分构成”，即“独立完成”和“创作性”。“独立完成”是作者取得著作权的前提条件，也是获得著作权的法律理由；而“创作性”才是作者是否享有著作权的实质性条件。对于“独立完成”，一般认为作品是作者独立完成的而不是抄袭、剽窃和篡改他人的作品即可；但“创作性”的认定争议较大，有不同的理解：有理论认为该智力创作成果应该反映个性特征，有理论认为作为作者智力和思想内容表达应有一定创作高度，也有理论认为有智力劳动过程即可满足该条件。

（3）作品必须具有一定的表现形式。即作者须以文字、言语、符号、声音、动作、色彩等一定的表现形式将其无形的思想表达出来，使他人通过感官能感觉其存在。如果没有一定的表现形式，无形的思想仅存在于作者的大脑中，他人无法感知，就不能称为作品。

（4）作品能够固定于某种有体物上，并能复制使用。比如，文字、美术作品可以固定在纸张上，摄影作品能够固定在胶卷上，电影、电视、录像作品能够固定于胶片、录像带、光盘等媒体介质上，这样才能使他人感知作品，供人们复制使用。

你知道吗

思想和感情属于主观范畴，看不见摸不着，而法律只能规范人的行为，不能规范人的主观思想和感情，因此思想和感情本身不能也不应当受到法律的保护，法律保护的只能是思想和感情的表达。

独创性并不要求比别人更优越，也不要求独一无二。如果多位作者同时完成了一件相同或相似的作品，只要他们都是独立创作完成的，就各自享有独立的著作权。例如，许多学生在课堂上对同一物体进行素描所完成的作品。

作品都是在人类文化积累的基础上进行创作的，那么如何区分作品和创作素材？素材是共有领域范畴，例如，“明月”是素材，但“床前明月光”就具备了独创性，属于作品。独创性的判断通常来说非常主观，理论上不能依据素材数量对独创性加以判断，但在实践过程中，判断两部相似作品是否涉嫌抄袭时，可以借助两部作品使用的完全相同的素材加以判断。

案　例

琼瑶于2014年起诉于正侵权，称于正未经其许可，擅自将其作品《梅花烙》的核心独创情节改编创作为电视剧本，并联合其他四方被告共同摄制了电视连续剧《宫锁连城》并播出。该行为侵犯了她的改编权、摄制权，给她造成了极大的精神伤害。请求判令于正在内的五方被告立即停止侵权、消除影响、向其赔礼道歉并赔偿经济损失2000万元。

2014年12月25日，北京市第三中级人民法院对琼瑶起诉于正等侵权案进行宣判。琼瑶被认定是《梅花烙》剧本的作者及著作权人。关于是否相似的问题，21个情节中有3个情节属于公知素材，相关情节安排不具有显著独创性，因而不受《著作权法》保护；有9个情节属于《著作权法》保护的表达，但剧本《宫锁连城》的表达与其不构成实质相似；剩余9个情节，为琼瑶作品中的独创情节，剧本《宫锁连城》的相应情节与其构成实质性相似。由此，判定琼瑶胜诉，认定于正侵权，判决自判决生效之日起，立即停止电视剧《宫锁连城》的复制、发行和传播行为；于正于判决生效之日起10日内刊登致歉声明，向琼瑶道歉，消除影响；于正及湖南经视文化传播有限公司等四家公司于判决生效10日内连带赔偿琼瑶经济损失及诉讼合理开支共计500万元；琼瑶的其他诉讼请求被驳回。

一审判决后，五名被告均不服判决，向北京市高级人民法院提起上诉。2015年12月16日，北京市高级人民法院驳回各被告上诉请求，维持原判。

虽然案件早已尘埃落定，但于正却一直不履行公开道歉法律义务。2018 年 5 月，因为于正被判侵权迟迟不向琼瑶道歉，北京市第三中级人民法院依据判决在《法制日报》刊登案件内容作为公告。随后该公告费用 33.6 万元全数已经由于正交付。这意味着，该院审结的陈喆（琼瑶）与余征（于正）侵害著作权纠纷一案已全部执行完毕。

案 例

1997 年 6 月，东莞市金正科技电子有限公司委托制作并约定著作权归属为委托方的金正 VCD 机电视广告在中央电视台播出，广告的画面主要是熊熊燃烧的烈火并配以伽利略、哥白尼、布鲁诺、李时珍、屈原等历史人物的头像，以及金正 VCD 机产品和“真金不怕火炼，金正 VCD”的广告词。

1997 年 12 月，摩托罗拉（中国）电子有限公司为其 GP88 无线电对讲机委托设计制作的平面报纸广告刊登在《广州日报》1998 年 4 月 20 日和 5 月 18 日的第 19 版和《深圳日报》1998 年 5 月 18 日第 8 版上。广告的主要画面为对讲机在熊熊燃烧的烈火中，配以“真金不怕火炼”的广告语及“摩托罗拉 GP88 无线电对讲机”的文字。

因此，金正诉摩托罗拉侵犯其广告的著作权，请求法院判令禁止被告使用该侵权广告，登报赔礼道歉，并赔偿经济损失人民币 300 万元。

法院认定：第一，“真金不怕火炼”这一表达方式是家喻户晓的俗语，不具有独创性，不能认为是原告作品而获得保护；第二，著作权只保护作品的表现形式，不保护被表达的思想，虽然双方的广告都表达了产品可经受考验的意思，并都配有火焰和商品图案，但从表现形式上看，两者在火焰的形状、图案、广告语的字体、排列以及所作广告的产品名称及图案等方面都有较大的区别，因此不构成作品的抄袭、剽窃，不构成对著作权的侵犯。因此于 1998 年 10 月 29 日判决驳回原告东莞市金正科技电子有限公司的诉讼请求。东莞市金正科技电子有限公司不服该判决，向广东省高级人民法院提起上诉，该院于 1998 年 12 月 30 日判决驳回上诉，维持原判。

二、作品的种类

《著作权法实施条例》第四条对于作品具体种类的含义做了如下定义：

“（一）文学作品，是指小说、诗词、散文、论文等以文字形式表现的作品。”

这是用文字或其他相当于文字的符号来表达思想、情感的作品。例如，小说、诗词、论文、散文、教材、译著、书信、日记等。其中，文字包括汉语文字、少数民族文字、盲文和其他国家的文字。

“（二）口述作品，是指即兴的演说、授课、法庭辩论等以口头语言形式表现的作品。”

这是口头语言创作，未以任何物质载体固定的作品。例如，教师的讲课，即兴的演说、政治家的演讲、律师的法庭辩论等是以口头形式表现的作品。

“（三）音乐作品，是指歌曲、交响乐等能够演唱或者演奏的带词或者不带词的作品。”

不论是否以乐谱形式写出，均可认为是音乐作品。

“（四）戏剧作品，是指话剧、歌剧、地方戏等供舞台演出的作品。”

但是戏剧作品是指在舞台上表演的“一整台戏”，供舞台演出的剧本一般被认为是文学作品。

“（五）曲艺作品，是指相声、快书、大鼓、评书等以说唱为主要形式表演的作品。”

这里的曲艺作品也是表演内容，而不是剧本。

“（六）舞蹈作品，是指通过连续的动作、姿势、表情等表现思想情感的作品。”

它通过连续的动作、姿势、表情表现的艺术编排设计，来表达思想感情。

“（七）杂技艺术作品，是指杂技、魔术、马戏等通过形体动作和技巧表现的作品。

（八）美术作品，是指绘画、书法、雕塑等以线条、色彩或者其他方式构成的有审美意义的平面或者立体的造型艺术作品。

（九）建筑作品，是指以建筑物或者构筑物形式表现的有审美意义的作品。

（十）摄影作品，是指借助器械在感光材料或者其他介质上记录客观物体形象的艺术作品。”

但是并非所有的照片均属于摄影作品，纯粹复制性质的照片因没有独创性和艺术性而不受《著作权法》保护。

“（十一）电影作品和以类似摄制电影的方法创作的作品，是指摄制在一定介质上，由一系列有伴音或者无伴音的画面组成，并且借助适当装置放映或者以其他方式传播的作品。”

你知道吗

2020 年修正的《著作权法》中，用“视听作品”的名称取代了“电影作品和以类似摄制电影的方法创作的作品”，并且明确区分为电影作品、电视剧作品和其他视听作品。因此，本次修法扩大了视听类作品的保护范围。

“（十二）图形作品，是指为施工、生产绘制的工程设计图、产品设计图，以及反映地理现象、说明事物原理或者结构的地图、示意图等作品。”

工程设计图和产品设计图是为施工和生产绘制的图样及文字说明。对这类作品的著作权保护主要指作品本身不能被任意复制。至于其技术内容，如需保护，应适用《专利法》或《民法典》关于合同的规定。

地图、示意图等是反映地理现象、说明事物原理或结构的图形。

“（十三）模型作品，是指为展示、试验或者观测等用途，根据物体的形状和结构，按照一定比例制成的立体作品。”

《计算机软件保护条例》则对计算机软件著作权给予了保护。

计算机软件一般是指计算机程序及其有关文档。但是计算机文档是一定的符号指令，与文字作品没有区别，因此计算机文档是作为文字作品受到《著作权法》保护的。所以这里计算机软件的保护通常是指对计算机程序的保护。

宣读讲稿仅仅是对文字作品的一种再现，并不符合《著作权法实施条例》关于“即兴的”限定，因而不产生口述作品。

证件照没有独创性和艺术性，因而不属于摄影作品。

网络上的作品仅仅是作品的一种载体形式，其不改变作品本身，也不是一种新的作品类型。网络作品根据表现形式不同，区分为文学作品、视听作品等。

随着时代的发展，即使出现了在法律条文中未列出的新的作品类型，只要其符合“文学、艺术和科学领域内具有独创性并能以一定形式表现的智力成果”的要求，其就是作品，受到《著作权法》的保护，例如行为艺术。所以《著作权法》以“符合作品特征的其他智力成果”来兜底。

民间文学艺术作品包括：民间文学作品，例如，民间传说、民族史诗；民间音乐作品，例如，民歌、民谣；民间美术作品，例如，民族服饰、传统脸谱造型；以及民间舞蹈作品等。《著作权法》（2020年修正）中“民间文学艺术作品”仍沿用先前“保护办法由国务院另行制定”的规定，没有以法律方式确定保护模式。这样的原因在于：民间文学艺术作品年代久远，其权利归属无法考证；作品本身随时间而发展，具有不确定性。另外，还要在民间艺术作品的保护和发展之间作出一个平衡，促进民间艺术的发展。因此，保护的力度要根据个案具体分析。

事实上，自1993年《著作权法》规定“民间文学艺术作品的著作权保护办法由国务院另行规定”以来，2014年9月2日国家版权局发布了关于《民间文学艺术作品著作权保护条例（征求意见稿）》公开征求意见的通知，但是至今该保护条例仍未有后续。

三、不受著作权保护的对象

（一）不适用《著作权法》保护的对象

《著作权法》第五条规定，本法不适用于：

（1）法律、法规，国家机关的决议、决定、命令和其他具有立法、行政、司法性质的文件，及其官方正式译文；

（2）单纯事实消息；

（3）历法、通用数表、通用表格和公式。

因此，上述内容不受《著作权法》保护，属于不适用《著作权法》保护的对象。

你知道吗

我国2010年修改的《著作权法》则规定，本法不适用于时事新闻。《著作权法实施条例》则进一步明确，时事新闻是指通过报纸、期刊、广播电台、电视台等媒体报道的单纯事实消息。

《著作权法》第三次修改将不受《著作权法》保护的内容从“时事新闻”变更为“单纯事实消息”。从“时事新闻”到“单纯事实消息”措辞的改变，更加直接地表明了《著作权法》不予保护的“时事新闻”的本质。

根据《现代汉语词典》，消息是指关于人或事物情况的报道。单纯事实消息对于“消息”的范围进一步限缩，《著作权法》将不予以保护的客体限定为“单纯事实消息”，与《著作权法》保护的作品的本质——“具有独创性的智力成果”相对应。单纯事实消息由时间、地点、人物、事件等客观事实组成，因此不具备独创性，不属于作品；但新闻作品就不同了，新闻作品包含了作者自己添加的分析评论，那么就具有独创性，属于作品，受《著作权法》的保护。

你知道吗

立法、行政、司法性质的文件原本属于作品，但这些文件本身的用途涉及社会公众和国家整体利益，属于国家和社会成员的共有信息资源，不应当属于任何人或组织专有。因此，为了公众利益，《著作权法》不为上述文件提供保护。

上述文件的个人译文是受《著作权法》保护的，但是如果成为官方译文，则不受《著作权法》保护。

例如，张教授1998年1月1日自行将我国刚颁布的一部法律译成英文，投递给《中国法律》杂志并于1998年6月1日发表。国家有关机关认为张教授的译文质量很高，经与张教授协商，于1998年12月5日发文将该译文定为官方正式译文。张教授对其译文自1998年1月1日起至1998年12月4日期间享有著作权，其中1998年1月1日是创作完成之日，著作权产生，1998年12月5日该作品成为官方正式译文，不再受《著作权法》保护。

你知道吗

1990年《著作权法》规定，依法禁止出版、传播的作品，不受本法保护。在2010年修正《著作权法》时删除，修改为“国家对作品的出版、传播依法进行监督管理”。

因为禁止传播的标准会随着时代而变化，例如，《红楼梦》在清代属于禁书而在现代属于名著，所以为保证法律逻辑严谨，将“能否产生著作权”和“能否允许传播”两类问题分开，“依法禁止出版、传播的作品”作品属于“不允许传播的作品”。

（二）已过保护期的作品

超过保护期限的作品便为社会所共有，不受《著作权法》保护。但著作人身权中的署名权、修改权、保护作品完整权不受保护期限限制，将永久受到法律保护。

这样的规定是因为随着社会的发展进步和社会公众的文化需求，需要将作品更加广泛地传播，更加及时地为社会所利用，作者及其他著作权人的财产权利也就不能永无休止地存续下去；而且著作权保护是通过公权力构筑了对私权的保护，那么私权就需要付出相应的对价——期满后进入公有领域。

第五节　著作权的归属

《著作权法》第十一条规定，著作权属于作者，本法另有规定的除外。

一、法律规定

（一）一般作品

创作作品的自然人是作者。

由法人或者非法人组织主持，代表法人或者非法人组织意志创作，并由法人或者非法人组织承担责任的作品，法人或者非法人组织视为作者。

《著作权法》第十二条规定，在作品上署名的自然人、法人或者非法人组织为作者，且该作品上存在相应权利，但有相反证明的除外。

作者等著作权人可以向国家著作权主管部门认定的登记机构办理作品登记。

与著作权有关的权利参照适用前两款规定。

（二）演绎作品

《著作权法》第十三条规定，改编、翻译、注释、整理已有作品而产生的作品，其著作权由改编、翻译、注释、整理人享有，但行使著作权时不得侵犯原作品的著作权。

（三）合作作品

《著作权法》第十四条规定，两人以上合作创作的作品，著作权由合作作者共同享有。没有参加创作的人，不能成为合作作者。

合作作品的著作权由合作作者通过协商一致行使；不能协商一致，又无正当理由的，任何一方不得阻止他方行使除转让、许可他人专有使用、出质以外的其他权利，但是所得收益应当合理分配给所有合作作者。

合作作品可以分割使用的，作者对各自创作的部分可以单独享有著作权，但行使著作权时不得侵犯合作作品整体的著作权。

（四）汇编作品

《著作权法》第十五条规定，汇编若干作品、作品的片段或者不构成作品的数据或者其他材料，对其内容的选择或者编排体现独创性的作品，为汇编作品，其著作权由汇编人享有，但行使著作权时，不得侵犯原作品的著作权。

（五）其他作品

《著作权法》第十六条规定，使用改编、翻译、注释、整理、汇编已有作品而产生的作品进行出版、演出和制作录音录像制品，应当取得该作品的著作权人和原作品的著作权人许可，并支付报酬。

《著作权法》第十七条规定，视听作品中的电影作品、电视剧作品的著作权由制作者享有，但编剧、导演、摄影、作词、作曲等作者享有署名权，并有权按照与制作者签订的合同获得报酬。

前款规定以外的视听作品的著作权归属由当事人约定；没有约定或者约定不明确的，由制作者享有，但作者享有署名权和获得报酬的权利。

视听作品中的剧本、音乐等可以单独使用的作品的作者有权单独行使其著作权。

（六）职务作品

《著作权法》第十八条规定，自然人为完成法人或者非法人组织工作任务所创作的作品是职务作品，除本条第二款的规定以外，著作权由作者享有，但法人或者非法人组织有权在其业务范围内优先使用。作品完成两年内，未经单位同意，作者不得许可第三人以与单位使用的相同方式使用该作品。

有下列情形之一的职务作品，作者享有署名权，著作权的其他权利由法人或者非法人组织享有，法人或者非法人组织可以给予作者奖励：

（1）主要是利用法人或者非法人组织的物质技术条件创作，并由法人或者非法人组织承担责任的工程设计图、产品设计图、地图、示意图、计算机软件等职务作品；

（2）报社、期刊社、通讯社、广播电台、电视台的工作人员创作的职务作品；

（3）法律、行政法规规定或者合同约定著作权由法人或者非法人组织享有的职务作品。

（七）委托作品

《著作权法》第十九条规定，受委托创作的作品，著作权的归属由委托人和受托人通过合同约定。合同未作明确约定或者没有订立合同的，著作权属于受托人。

（八）其他情况

《著作权法》第二十条规定，作品原件所有权的转移，不改变作品著作权的归属，但美术、摄影作品原件的展览权由原件所有人享有。

作者将未发表的美术、摄影作品的原件所有权转让给他人，受让人展览该原件不构成对作者发表权的侵犯。

二、著作权归属的判断

根据上述法律规定，著作权人与作者不是同一个概念，加之作品的种类繁多，著作权的种类繁多，因此著作权归属的判断根据具体情况适用不同的原则。

（一）一般归属原则

作品的著作权原则上由创作作品的作者享有，包括自然人、视为作者的法人或者非法人组织。

（二）职务作品

自然人为完成法人或者非法人组织工作任务所创作的作品是职务作品。关于职务作品的规定中的“工作任务”，是指公民在该法人或者该组织中应当履行的职责。

单位在作者的职责范围之外并在单位的正常业务之内委派作者完成某些作品，除非双方有新的约定，否则不属于法定的职务作品。

如果是按照单位的意志创作的作品，不是职务作品，而是单位作品，即应视单位为作者。

职务作品的著作权都归单位享有吗？答案是否定的。

如果归作者个人享有的话，适用一般归属原则吗？答案也是否定的。

这是因为，职务作品分为一般的职务作品和特殊的职务作品。

（1）一般的职务作品，著作权由作者享有，但法人或者非法人组织有权在其业务范围内优先使用。作品完成两年内，未经单位同意，作者不得许可第三人以与单位使用的相同方式使用该作品。

职务作品完成两年内，经单位同意，作者许可第三人以与单位使用的相同方式使用作品所获报酬，由作者与单位按约定的比例分配。作品完成两年的期限，自作者向单位交付作品之日起计算。

（2）特殊的职务作品，作者享有署名权，著作权的其他权利由法人或者非法人组织享有，法人或者非法人组织可以给予作者奖励，有下列情形之一的是特殊的职务作品：

①主要是利用法人或者非法人组织的物质技术条件创作，并由法人或者非法人组织承担责任的工程设计图、产品设计图、地图、示意图、计算机软件等职务作品；

②报社、期刊社、通讯社、广播电台、电视台的工作人员创作的职务作品；

③法律、行政法规规定或者合同约定著作权由法人或者非法人组织享有的职务作品。

（3）对于计算机软件的职务作品，自然人在法人或者其他组织中任职期间所开发的软件有下列情形之一的，该软件著作权由该法人或者其他组织享有，该法人或者其他组织可以对开发软件的自然人进行奖励：①针对本职工作中明确指定的开发目标所开发的软件；②开发的软件是从事本职工作活动所预见的结果或者自然的结果；③主要使用了法人或者其他组织的资金、专用设备、未公开的专门信息等物质技术条件所开发并由法人或者其他组织承担责任的软件。

（三）演绎作品著作权的归属

演绎作品，又称为派生作品，是指改编、翻译、注释、整理已有作品而产生的作品，是在原作品基础上的一种再创作作品。我国《著作权法》并没有出现演绎作品字样，这一称谓是学术界根据《著作权法》第十三条的规定而作出的概括。

演绎作品具有以下特征：第一，演绎作品是在已有作品的基础上进行再创作活动而产生的新作品。演绎作品虽然以已有的作品为基础，但并不是简单改写或者仿制，而是通过改编、翻译、注释、整理等方式进行再创作，从而形成的与已有作品不完全相同的新作品。第二，演绎作品与已有作品具有某种一致性。演绎作品毕竟是根据已有作品派生的作品，因此，它在基本内容、主题思想等方面应该与已有作品保持原则上的一致性，而不能篡改、歪曲已有作品。也就是说，演绎作品的独创性应以尊重已有作品为原则。

演绎者对演绎作品享有独立的著作权。但演绎作品的著作权人行使著作权时不得侵犯原作品的著作权，当然也不得禁止其他人对原作品的演绎。演绎作品人应当在演绎作品上注明原作品的名称、原作者的姓名，尊重原作品的内容，不得歪曲、篡改原作品等。

根据《著作权法》第十六条的规定，使用改编、翻译、注释、整理、汇编已有作品而产生的作品进行出版、演出和制作录音录像制品，应当取得该作品的著作权人和原作品的著作权人许可，并支付报酬。

由此可见，演绎作品具有归演绎者享有的独立的著作权，但演绎者在行使演绎作品的著作权时，要受到一定制约，具体表现在：（1）演绎他人的作品，应取得原作品的著作权人的许可，除非该作品因保护期届满而进入公有领域；（2）对他人的演绎作品再次演绎的，除应获得原作品著作权人的许可外，还应获得在先演绎者的许可；（3）演绎他人的作品时，须尊重原作品著作权人的保护作品完整权，不得歪曲、篡改原作品；（4）行使演绎作品的著作权时，还应尊重原作品著作权人的署名权和著作财产权。

案　例

浙江无端科技股份有限公司经营的一款名为《生死狙击》的手游上有一种“武器”叫“悟空高爆”。这个游戏道具使用了一个孙悟空的形象，其与上海美术电影制片厂有限公司的“Q版孙悟空”的形象构成一定的近似，所以上海美术电影制片厂有限公司以侵犯著作权为由起诉到法院。

“Q版孙悟空”（左）vs.“悟空高爆”道具（右）

该案中，被告抗辩称其游戏道具系自主设计，具有独创性，且与“Q版孙悟空”不构成实质相似，因而不构成侵权。而法院认定“即使涉案游戏道具‘悟空高爆’与涉案作品‘Q版孙悟空’相比具有一定的独创性，但还是属于涉案美术作品‘Q版孙悟空’的‘演绎作品’”，进而根据上述认定，法院认为：改编者对于改编所产生的演绎作品仅享有消极意义上的著作权，即制止他人未经许可使用该演绎作品的权利，而不享有积极意义上的著作权。因此，被控侵权游戏道具是否具有独创性、是否构成“新作品”，不影响本案中被告侵权行为的认定和判断，故对被告的该项抗辩，本院不予采信。

（四）合作作品著作权的归属

两人以上合作创作的作品是合作作品，其著作权由合作作者共同享有。没有参与创作的人，不能成为合作作者。

合作作品分为可分割使用的作品和不可分割使用的作品。

（1）如果是可分割的作品，则合作作者不仅对作品共同享有著作权，而且分别地对自己创造的部分单独享有著作权。但作者在单独行使著作权时，不得侵犯合作作品整体的著作权。

（2）如果是不可分割的合作作品，合作者享有共同的著作权。合作者对著作权的行使应当协商一致。如果不能协商一致的，任何一方无正当理由不得阻止他方行使除转让、许可他人专有使用、出质以外的其他权利，但所得收益应当合理分配给所有合作作者。

案　例

2010 年 5 月，《数字电路原理讲义》2010 版印刷出版。该书封面署名甲、乙、丙编，内页的编写说明载明“本书结合 A 大学电子信息与电气工程学院数字电路教研室编写的高等学校教材《数字电路》第二版的教学内容……本书由数字电路教研室集体编写。甲、乙、丙主编”，落款为数字电路教研室。

2015 年 6 月，《数字电路原理讲义》2015 版在之前版本的基础上增加了部分内容，修订后重新印刷出版。修订后书的封面署名甲、乙、丙编，落款为数字电路教研室，该书扉页无编写说明。甲、乙、丁、戊经常一起或个别讨论该书的编写结构框架、思路、内容等的选择。

2017 年 9 月，丁（著作权人，该合同甲方）与 A 出版社（出版者，该合同乙方）签订《图书出版合同》，约定作品名称为《数字电路精讲》，封面作者署名及方式为丁、己、庚编。丁授予 A 出版社在全世界范围内以图书形式（含修订本、缩编本及汇编本）出版发行上述作品中文版的专有使用权。合同有效期自签字之日起至作品出版后10年。2018年2月，A出版社出版发行《数字电路精讲》第一版。2021年9月，A出版社出版发行《数字电路精讲》第二版。《数字电路精讲》与《数字电路原理讲义》存在多处相同内容。

法院经审理认为，根据《著作权法》的规定，《数字电路原理讲义》构成合作作品，其合作作者为甲、乙、丙，其中乙、丙明确表示不参加本案诉讼，并放弃实体权利，因此甲有权提起本案诉讼。对于《数字电路原理讲义》的作者，法院认为，据《中华人民共和国著作权法实施条例》的规定，结合署名情况以及另外核查的事实，确认实际参与作品创作的为甲、乙、丙，而丁在本案提供的证据无法证明其他主体实际参与了上述作品的创作行为，因此，最终法院确认《数字电路原理讲义》的合作作者为实际创作作品的甲、乙、丙，甲有权作为原告提起本案诉讼。

（五）视听作品著作权的归属

2014年《著作权法（修订草案送审稿）》中，曾对“视听作品”作出过明确的定义，即“由一系列有伴音或者无伴音的连续画面组成，并且能够借助技术设备被感知的作品，包括电影、电视剧以及类似制作电影的方法创作的作品”。但2020年《著作权法》的修改决定并未保留这个定义。

视听作品中的电影作品、电视剧作品的著作权由制作者享有，但编剧、导演、摄影、作词、作曲等作者享有署名权，并有权按照与制作者签订的合同获得报酬。除了电影作品、电视剧作品以外的视听作品的著作权归属由当事人约定；没有约定或者约定不明确的，由制作者享有，但作者享有署名权和获得报酬的权利。

视听作品中的剧本、音乐等可以单独使用的作品的作者有权单独行使其著作权。

你知道吗

业界一直提倡用一个外延更广、更具解释力的术语来解释涵盖电影作品之外的其他视听作品。因为一些新媒体作品，最终作品也是用视与听的媒介构成的。因此，《著作权法》针对新的作品形式，将“电影作品、电视剧作品”扩充为“视听作品”。

（六）委托作品著作权的归属

委托作品是指受委托人根据委托人的委托而创作的作品。

受委托创作的作品，著作权的归属由委托人和受托人通过合同约定。合同未作明确约定或者没有订立合同的，著作权属于受托人。受托人可以在委托创作的特定目的范围内免费使用该作品。委托人对作品的使用不仅限于委托人的自行使用，还包括为实现上述特定目的由第三人使用。

（七）美术、摄影作品原件著作权的归属

一般而言，只有美术作品和摄影作品拥有，而其他作品没

有展览权（《著作权法》规定，展览权，即公开陈列美术作品、摄影作品的原件或者复制件的权利）。展览必须是针对不特定的多数人，如果仅是供家庭或本单位内部少数人欣赏，则不能算作展览。著作权人有权将作品自行展览，也可以授权他人展览并获得报酬。

作品原件所有权的转移，不改变作品著作权的归属，但美术、摄影作品原件的展览权由原件所有人享有。

作者将未发表的美术、摄影作品的原件所有权转让给他人，受让人展览该原件不构成对作者发表权的侵犯。

（八）作者身份不明的作品的著作权的归属

《著作权法实施条例》第十三条规定，作者身份不明的作品，由作品原件的所有人行使除署名权以外的著作权。作者身份确定后，由作者或者其继承人行使著作权。

你知道吗

《著作权法实施条例》第十八条规定，作者身份不明的作品，其《著作权法》第十条第一款第（五）项至第（十七）项规定的权利的保护期截止于作品首次发表后第五十年的 12 月 31 日。作者身份确定后，适用《著作权法》第二十一条的规定。

（九）外国人的著作权保护

（1）外国人、无国籍人的作品根据其所属国或者经常居住地国同中国签订的协议或共同参加的国际保护条约享有著作权，受《著作权法》保护。

（2）外国人、无国籍人的作品首先在中国境内出版的，依照《著作权法》享有著作权。《著作权法实施条例》第七条规定，首先在中国境内出版的外国人、无国籍人的作品，其著作权自首次出版之日起受保护。

（3）未与中国签订协议或者共同参加国际条约的国家的作者以及无国籍人的作品首次在中国参加的国际条约的成员国出版的，或者在成员国和非成员国同时出版的，受《著作权法》保护。

你知道吗

一般职务作品和特殊职务作品主要基于法律中的公平原则分配权属。特殊职务作品所需资金额巨大，需要一个具备人力物力和物质条件的法人或者非法人组织提供物质技术条件，也将由提供物质技术条件的法人或非法人组织来承担责任，显然由提供物质和技术条件的法人或非法人组织来享有该类作品的著作权才是公平的。但一般职务作品中，单位提供的条件仅起辅助作用，创造过程主要是由作者独立完成的，单位也不对创作作品承担法律责任，单位所付出的条件将会在优先使用的权利中得到回报。因此，并非在职期间所有作品的著作权都属于法人或非法人组织。

《著作权法》（2020 年修正）将 2001 版所用“其他组织”

用语再次修改回“非法人组织”，这一调整其实是与原《民法总则》以及《民法典》的用语保持一致。在原《民法总则》的制定过程中，对于第三类民事主体应采用“非法人组织”还是“其他组织”的表达，曾引起较大争议。立法机关以“其他组织”内涵外延不统一、表达不科学为由，最终采用了“非法人组织”这一全新表达。

你知道吗

《著作权法》规定，在作品上署名的自然人、法人或者非法人组织为作者，且该作品上存在相应权利，但有相反证明的除外。

作者通常默认为作品上的署名。署名不是作者的情况下，主张人应该提供相关的证据资料。由于创作的过程是不易察觉的、抽象的、不可再现的，所以可以证明创造过程的证据属于比较有利的证据，因此作者在创作过程中应注意搜集和保存用来证明创作过程的证据。

为了出版的需要进行编辑加工，以及为创作提供素材、咨询或理论指导的行为都不属于合作创作行为，其中涉及的人员不属于合作著作权人。

案例

1995年10月，吴刚在北京八达岭长城拍摄了长城夜景作品2件。拍摄过程中因夜景照片的特殊要求，北京市八达岭旅游总公司（简称“八达岭公司”）为其打开了八达岭长城的灯光照明系统。后来吴刚将两件作品的照片各1张送给八达岭公司的工作人员李某。1996年八达岭公司与中央气象台的下属某单位签订《天气预报景观制作合同》，约定为八达岭公司制作景观广告，景观资料和相关版权由八达岭公司提供。1996年7月1日至1996年12月31日，在中央电视台新闻联播之后的天气预报节目中，吴刚拍摄的长城夜景照片在播报北京市天气预报时作为当地景观同时播出。

吴刚将中央电视台、中央气象台、北京市八达岭旅游总公司以侵犯著作权为由诉至法院，要求被告赔礼道歉并赔偿经济损失。案件审理过程中，被告八达岭公司提出的主要抗辩理由是：若非八达岭公司提供灯光照明等便利条件，原告无法拍摄出美丽的长城夜景，因此该作品应当是原告与八达岭公司的合作作品，八达岭公司不构成侵权。对此，法院认为：吴刚是涉案作品的著作权人，八达岭公司虽然为拍摄提供了便利条件，但这并不属于《著作权法》意义上的创作，并不能依此对上述夜景照片主张著作权。法院还认为，中央电视台虽播出了涉案景观广告，但并非发布广告的行为，不对广告内容承担责任；由于原告和中央气象台均同意由气象台承担其下属单位应承担的责任，法院予以许可。因此，判决八达岭公司、中央气象台向原告赔礼道歉并赔偿损失1500元。法院参照正常情况下摄影作品的使用费并综合考虑侵权范围、侵权程度及景观广告的公益性质等因素酌定了本案赔偿数额。

第六节 著作权的内容

一、法律规定

根据《著作权法》第十条的规定，著作权包括下列人身权和财产权：

“（一）发表权，即决定作品是否公之于众的权利；

（二）署名权，即表明作者身份，在作品上署名的权利；

（三）修改权，即修改或者授权他人修改作品的权利；

（四）保护作品完整权，即保护作品不受歪曲、篡改的权利；

（五）复制权，即以印刷、复印、拓印、录音、录像、翻录、翻拍、数字化等方式将作品制作一份或者多份的权利；

（六）发行权，即以出售或者赠与方式向公众提供作品的原件或者复制件的权利；

（七）出租权，即有偿许可他人临时使用视听作品、计算机软件的原件或者复制件的权利，计算机软件不是出租的主要标的的除外；

（八）展览权，即公开陈列美术作品、摄影作品的原件或者复制件的权利；

（九）表演权，即公开表演作品，以及用各种手段公开播送作品的表演的权利；

（十）放映权，即通过放映机、幻灯机等技术设备公开再现美术、摄影、视听作品等的权利；

（十一）广播权，即以有线或者无线方式公开传播或者转播作品，以及通过扩音器或者其他传送符号、声音、图像的类似工具向公众传播广播的作品的权利，但不包括本款第（十二）项规定的权利；

（十二）信息网络传播权，即以有线或者无线方式向公众提供，使公众可以在其选定的时间和地点获得作品的权利；

（十三）摄制权，即以摄制视听作品的方法将作品固定在载体上的权利；

（十四）改编权，即改变作品，创作出具有独创性的新作品的权利；

（十五）翻译权，即将作品从一种语言文字转换成另一种语言文字的权利；

（十六）汇编权，即将作品或者作品的片段通过选择或者编排，汇集成新作品的权利；

（十七）应当由著作权人享有的其他权利。

著作权人可以许可他人行使前款第（五）项至第（十七）项规定的权利，并依照约定或者本法有关规定获得报酬。

著作权人可以全部或者部分转让本条第一款第（五）项至第（十七）项规定的权利，并依照约定或者本法有关规定获得报酬。”

因此，根据上述法律规定，著作权分为著作人身权和著作财产权。

著作人身权又称“著作精神权利”，是指作者对其作品所享有的各种与人身相联系或者密不可分而又无直接财产内容的权利，是作者通过创作表现个人风格的作品而依法享有获得名誉、声望和维护作品完整性的权利。

著作财产权又称“著作经济权利”，是指能够给著作权人带来经济利益的权利。

二、著作人身权

著作人身权具有不可转让性、永久性以及不可剥夺性。著作人身权包括：发表权、署名权、修改权、保护作品完整权。

（一）发表权

作者有权决定作品是否发表及以何种方式发表。任何作品的发表权只能行使一次。作品发表后，作者的发表权就行使完毕。作者生前未发表的作品，如果作者未明确表示不发表，作者死亡后 50 年内，其发表权可由继承人或者受遗赠人行使；没有继承人又无人受遗赠的，由作品原件的所有人行使。

（二）署名权

署名可以有多种方式，可以署真名、别名、笔名、假名、不署名。不署名并非放弃署名权。作品的署名权不能被放弃，也不能被转移。作者在作品上署名除了表明其是该作品的创作人外，还表明署名人因此而承担相应的权利和义务。

（三）修改权

修改是对已完成的作品进行改变的行为，改变可以是局部的，也可以是全部的。为出版发行进行必要的技术性编辑工作不属于《著作权法》意义上的修改，但内容的修改应当经作者许可。

（四）保护作品完整权

作品反映的是作者思想，作品一经发表，著作权人即享有作品不受歪曲、篡改的权利，其任意增删、改动、歪曲破坏作品的完整，都是《著作权法》所禁止的行为。

案　例

小说《绿化树》是作家张贤亮的代表作，真实地叙述了“文革”中的知识分子被下放到西北地区后的独特经历，作者重点刻画的是男主人公章永璘与劳动妇女马缨花的爱情故事。给作品取名为《绿化树》原因之一是故事人物马缨花，马缨花在植物学中又名合欢，又为绿化树；作者以物喻人，赞美马缨花对爱情的忠贞不渝。因此作品名“绿化树”对整部作品来说意义重大。但是，某出版社在出版该作品时认为作品名“绿化树”

不能吸引读者眼球，将作品名称改为“合欢”，并称“合欢”同是“马缨花”的别称，因此这种改动不侵犯作者的著作权。

事实上，由上可知，名称“绿化树”对于作品来说意义重大；而“合欢”虽然也指马缨花，但容易引起歧义，与作品的主旨不符。所以尽管该出版社对作品的内容没有进行任何改动，但是将作品的名称修改为“合欢”，无疑侵犯了作者的保护作品完整权和修改权。

三、著作财产权

著作财产权能够给著作权人带来经济利益，其实现要依靠著作权人对作品使用才能获得。根据《著作权法》的规定，著作财产权是指著作权人通过复制、发行、出租、展览、表演、放映、广播、信息网络传播、摄制、改编、翻译、汇编等方式使用作品并由此获得报酬的权利，以及许可他人以上述方式使用作品并由此获得报酬的权利。因此，著作财产权的内容包括：

（一）复制权

复制的手段在历史上不断发展变化，从刻竹简到纸张抄写、机器印刷、手机拍照、计算机软件生成文本文件等，都属于复制。但作品的表现形式发生变化，如由小说变成电影，就不是复制。

（二）发行权

发行权是指以出售或者赠与方式向公众提供作品的原件或者复制件的权利，所以发行权的行使与复制权相联系。

（三）出租权

涉及出租权的作品只能是视听作品、计算机软件。

（四）展览权

涉及展览权的作品，只能是美术作品和摄影作品的原件或复制件。以人体艺术为主题的美术作品、摄影作品，在行使展览权之前应当征得作品中模特的同意，否则就侵犯了模特的肖像权和隐私权。

（五）表演权

表演权除了公开表演之外，还包括以其他手段公开播送作品的表演的权利，例如，对表演者的表演进行录像后再播放。表演权对音乐、戏曲、曲艺、舞蹈、杂技等艺术作品带来了很大的保护作用。

（六）放映权

放映权的作品是美术、摄影、视听作品。

（七）广播权

广播权是以有线或者无线方式公开传播或者转播作品，以及通过扩音器或者其他传送符号、声音、图像的类似工具向公众传播广播的作品的权利，但不包括信息网络传播权。

（八）信息网络传播权

以有线或无线方式向公众提供作品，使公众可以在其选定的时间和地点获得作品的权利。

在不知情的情况下，提供未经授权的作品的链接不侵犯著作权人的信息网络传播权。但在知情之后仍然这么做，就属于侵权行为了。

（九）摄制权

摄制是指以摄制视听作品的方法将作品固定在载体上。

（十）改编权

改编需要产生独创性的新作品。

（十一）翻译权

翻译涉及语言文字的变化。

（十二）汇编权

汇编若干作品、作品的片段或者不构成作品的数据或者其他材料，对其内容的选择或者编排体现独创性的作品，为汇编作品，其著作权由汇编人享有，但行使著作权时，不得侵犯原作品的著作权。

（十三）应当由著作权人享有的其他权利

你知道吗

著作人身权与人身密切相关，不得转让、不得继承、不得放弃，除了发表权外，没有保护期限的限制。

在自己的作品上署上他人姓名，侵犯的是他人的姓名权；在别人作品上署上自己的姓名，侵犯的是他人的署名权。

复制权是著作财产权中最基本、最普遍和最重要的权利。复制权的侵害不以营利为构成要件，只要未经著作权人许可擅自复制其作品就构成复制权的侵害。

复制与发行合在一起就是出版。

“临摹”不视为复制的一种方式。

出售和赠与都属于发行行为，出售的权利、赠与的权利包含在发行权之内，为发行权所覆盖。

表演权是著作权人享有公开表演作品的权利，属于著作权。而表演者权是表演者对其表演享有的权利，属于邻接权。

著作财产权和其他民事财产权一样，可以转让、继承、放弃。著作权人有权以合同形式将作品许可给他人使用，也可以将上述权利转让给他人。如果是转让著作权的，应当订立书面合同。转让合同中著作权人未明确转让的权利，未经著作权人同意，另一方当事人不得行使。

美术、摄影作品原件的展览权由原件所有人享有，但美术、摄影作品的著作权人对复制件的展览权仍然存在，而不能由非著作权人的原件的所有人享有，否则就侵害了著作权人的复制权。

案 例

一位音乐家创作了一首歌曲，音乐家对该歌曲即享有著作权，包括表演权，因此，如果某歌手想在面向公众的晚会上演唱该歌曲，就必须取得音乐家的许可，否则，歌手就侵犯了音乐家的表演权。

2010 年，旭日阳刚组合因演唱汪峰创作的《春天里》而家喻户晓，而后二人多次在未经许可的情况下在公开场合进行的商演活动中演唱《春天里》，实际上已经侵犯了歌手汪峰的表演权。2011 年央视春晚后，汪峰停止了对旭日阳刚组合演唱本人歌曲的授权。旭日阳刚组合也逐渐销声匿迹。

需要注意的是，音乐著作权是复杂的著作权集合体，其目的就是要尽可能地保护创作者的权利不受侵犯。如果要对一首歌的音乐著作权的归属问题进行判断，可能涉及的权利人也会很多。例如，词作者、曲作者、演唱者、音乐制作人、编曲者、演奏者、音乐改编者、歌曲译配者、音乐作者的继承人及以其他合法方式获得音乐著作权的一系列权利人。出版发行者、录音者也可能通过音乐作者转让或通过开发音乐作品，而享有音乐的部分或全部著作权。

案例

《宫锁连城》是由陆毅、袁姗姗等主演的一部宫斗剧。腾讯公司依法享有《宫锁连城》的独家信息网络传播权。易联伟达公司在其经营的“快看影视”手机端，对该剧进行编辑分类，通过信息网络向公众提供涉案作品的在线播放，并且不显示来源。故腾讯公司认为易联伟达进行了涉案作品的编辑，具有恶意，易联伟达为获取盈利直接设链播放涉案作品，未经任何权利人的同意，侵犯了腾讯公司的合法权利。

本案有一个争议点是被告抗辩“腾讯公司权利存在重大瑕疵，涉案作品的授权无合法来源”，这涉及琼瑶诉于正侵犯著作权案，其终审判决认定《宫锁连城》一剧侵犯了琼瑶的著作权。本案一审判决认为，虽然《宫锁连城》一剧侵犯著作权，但并不意味着相关拍摄方、信息网络传播权人对该演绎作品不再享有任何权利，其他人对信息网络传播权不能随意侵犯。一审判决易联伟达公司赔偿腾讯公司经济损失包括合理支出 35000 元。

易联伟达公司不服一审判决，向北京知识产权法院提起上诉。关于上述权利瑕疵抗辩理由，二审判决认为，涉案作品所存在的侵权情形仅意味着涉案作品的著作权人无权自行使用并禁止他人使用该侵权部分，但对于涉案作品中的独创部分，著作权人仍享有著作权，有权禁止他人以著作权控制的方式使用该部分，且其所获得的保护水平与其他作品并无不同。

第七节　著作权的保护期限

著作权法律法规设立的目的是保护著作权人及其著作权相关的权利的行使，但是著作权保护不能没有限制，否则会阻碍科技文化的传播，进而阻碍人类的进步。

因此，《著作权法》在著作权及著作权相关权利的保护方面设定了相应的期限，这即是著作权的保护期限。由于著作权保护著作人身权和著作财产权，因此，著作权的保护期限根据作品以及权利种类的不同分别设定了不同的保护期限。

《著作权法》第二十二条规定，作者的署名权、修改权、保护作品完整权的保护期不受限制。

作品的发表权有保护期限。发表权的保护期限根据作者的不同性质以及作品的特殊性质作出了不同的规定。

一、人身权的保护期限

《著作权法》第二十三条规定，自然人的作品，其发表权、本法第十条第一款第（五）项至第（十七）项规定的权利的保护期为作者终生及其死亡后五十年，截止于作者死亡后第五十年的12月31日；如果是合作作品，截止于最后死亡的作者死亡后第五十年的12月31日。

法人或者非法人组织的作品、著作权（署名权除外）由法人或者非法人组织享有的职务作品，其发表权的保护期为五十年，截止于作品创作完成后第五十年的12月31日；本法第十条第一款第（五）项至第（十七）项规定的权利的保护期为五十年，截止于作品首次发表后第五十年的12月31日，但作品自创作完成后五十年内未发表的，本法不再保护。

视听作品，其发表权的保护期为五十年，截止于作品创作完成后第五十年的12月31日；本法第十条第一款第（五）项至第（十七）项规定的权利的保护期为五十年，截止于作品首次发表后第五十年的12月31日，但作品自创作完成后五十年内未发表的，本法不再保护。

《著作权法》还在第四章“与著作权有关的权利”分别规定了图书、报刊的出版相关权利、表演相关权利、录音录像相关权利、广播电台、电视台播放相关权利的保护期限。

二、财产权的保护期限

财产权的保护期限同样也是按照著作权人的不同和作品的不同有不同的规定。

（1）自然人作品的财产权的保护期为作者终生及其死亡后

五十年，截止于作者死亡后第五十年的 12 月 31 日；如果是合作作品，截止于最后死亡的作者死亡后第五十年的 12 月 31 日。

（2）法人或者非法人组织的作品、著作权（署名权除外）由法人或者非法人组织享有的职务作品，其财产权的保护期为五十年，截止于作品首次发表后第五十年的 12 月 31 日，但作品自创作完成后五十年内未发表的，《著作权法》不再保护。

（3）视听作品的财产权的保护期为五十年，截止于作品首次发表后第五十年的 12 月 31 日，但作品自创作完成后五十年内未发表的，《著作权法》不再保护。

三、与著作权有关的权利的保护期限

《著作权法》保护的权利范围不仅包括著作权，还包括与著作权相关的权利，即邻接权。对邻接权的规定及保护区分于著作权，其中邻接权的保护期限根据邻接权的不同种类给予了不同的保护期限。

一是出版者有权许可或者禁止他人使用其出版的图书、期刊的版式设计。保护期为十年，截止于使用该版式设计的图书、期刊首次出版后第十年的 12 月 31 日。

二是表演者权的人身权的保护期不受限制。但是表演者权的财产权的保护期为五十年，截止于该表演发生后第五十年的 12 月 31 日。

三是录音录像制作者对其制作的录音录像制品，享有许可他人复制、发行、出租、通过信息网络向公众传播并获得报酬的权利；权利的保护期为五十年，截止于该制品首次制作完成后第五十年的12月31日。

四是广播电台、电视台享有的将其播放的广播、电视以有线或者无线方式转播的权利的保护期为五十年，截止于该广播、电视首次播放后第五十年的12月31日。

你知道吗

维护作者的人身权，并且不受保护期限的限制（不包括发表权），可以明确作品和作者的准确联系，既是对作者的尊重，也是对历史和社会公众的负责。因此，即使作者去世，上述权利仍然受到法律的保护。法律永远保护公民的智力成果不被他人盗领。因此，《著作权法实施条例》第十五条规定，作者死亡后，其著作权中的署名权、修改权和保护作品完整权由作者的继承人或者受遗赠人保护。著作权无人继承又无人受遗赠的，其署名权、修改权和保护作品完整权由著作权行政管理部门保护。

《著作法实施条例》第十七条规定，作者生前未发表的作品，如果作者未明确表示不发表，作者死亡后50年内，其发表权可由继承人或者受遗赠人行使；没有继承人又无人受遗赠的，由作品原件的所有人行使。这样的规定一方面有利于作品的传播，从而对社会公共利益是有利的；另一方面也可以充分实现作品的财产权。

第八节　著作权的限制

根据《著作权法》的规定，著作权的权利限制包括合理使用与法定许可使用两种类型。

一、合理使用

合理使用是他人依法律明文规定，可以不经著作权人许可而无偿地使用其已发表作品的合法行为。

《著作权法》第二十四条规定："在下列情况下使用作品，可以不经著作权人许可，不向其支付报酬，但应当指明作者姓名或者名称、作品名称，并且不得影响该作品的正常使用，也不得不合理地损害著作权人的合法权益：

（一）为个人学习、研究或者欣赏，使用他人已经发表的作品；

（二）为介绍、评论某一作品或者说明某一问题，在作品中适当引用他人已经发表的作品；

（三）为报道新闻，在报纸、期刊、广播电台、电视台等媒体中不可避免地再现或者引用已经发表的作品；

（四）报纸、期刊、广播电台、电视台等媒体刊登或者播放其他报纸、期刊、广播电台、电视台等媒体已经发表的关于政治、经济、宗教问题的时事性文章，但著作权人声明不许刊登、播放的除外；

（五）报纸、期刊、广播电台、电视台等媒体刊登或者播放在公众集会上发表的讲话，但作者声明不许刊登、播放的除外；

（六）为学校课堂教学或者科学研究，翻译、改编、汇编、播放或者少量复制已经发表的作品，供教学或者科研人员使用，但不得出版发行；

（七）国家机关为执行公务在合理范围内使用已经发表的作品；

（八）图书馆、档案馆、纪念馆、博物馆、美术馆、文化馆等为陈列或者保存版本的需要，复制本馆收藏的作品；

（九）免费表演已经发表的作品，该表演未向公众收取费用，也未向表演者支付报酬，且不以营利为目的；

（十）对设置或者陈列在公共场所的艺术作品进行临摹、绘画、摄影、录像；

（十一）将中国公民、法人或者非法人组织已经发表的以国家通用语言文字创作的作品翻译成少数民族语言文字作品在国内出版发行；

（十二）以阅读障碍者能够感知的无障碍方式向其提供已经发表的作品；

（十三）法律、行政法规规定的其他情形。

前款规定适用于对与著作权有关的权利的限制。”

你知道吗[1]

著作权合理使用制度创始于英国判例法，发端于“合理节略”（fair abrigement）案例。当时“合理节略”的要素包括：（1）真实而合理的节略、摘用有版权的作品，将不承担侵权责任；（2）允许此类节略、使用在于其具有创新、学习和评论的意义。但该判例未阐明合理节略的理由，亦未对摘用的“真实而合理”的标准作出说明。

1803 年，Cory 诉 Kearsley 一案的判决理由中，第一次使用到合理使用（used fairly）用语，取代了“合理节略”的说法，并指出合理节略和合理使用的区别在于有无自己的创作过程。到 19 世纪时，英国法院已经普遍开始使用合理使用原则，以作为侵犯版权的例外。1911 年以成为法的形式明确规定合理使用制度，《英国版权法》第二条第一款规定：用于个人研究、探讨、批评、评论、报纸登载等目的时，对原作品的合理使用不构成版权侵犯。之后修订的英国版权法都继承了这一规定。

1841 年，美国法官 Joseph Story 在审理 Folsom 诉 Marsh 一案中对合理使用的规则作出了理论化、系统化的说明，即著名的合理使用三要素：①使用作品的性质和目的；②引用作品的数量和价值；③引用对原作市场销售及存在价值的影响程度。在法官 Joseph Story 的影响和推动下，美国法院进一步深化了来自英国判例中“合理使用”的这一规则，著作权合理使用制度的

[1] 吴汉东. 论著作权作品的“适当引用”[J]. 法学评论，1996（3）：14-19.

基本思想得以形成。此案例所形成的合理使用制度的内涵和法律精神成为后来美国此制度立法的基础，也对世界各国的著作权立法产生了深远的影响。

二、法定许可使用

著作权的法定许可使用，是指依照法律的明文规定，不经著作权人同意有偿使用他人已经发表作品的行为。

《著作权法》第二十五条规定，为实施义务教育和国家教育规划而编写出版教科书，可以不经著作权人许可，在教科书中汇编已经发表的作品片段或者短小的文字作品、音乐作品或者单幅的美术作品、摄影作品、图形作品，但应当按照规定向著作权人支付报酬，指明作者姓名或者名称、作品名称，并且不得侵犯著作权人依照本法享有的其他权利。

前款规定适用于对与著作权有关的权利的限制。

《著作权法》第三十五条规定，著作权人向报社、期刊社投稿的，自稿件发出之日起十五日内未收到报社通知决定刊登的，或者自稿件发出之日起三十日内未收到期刊社通知决定刊登的，可以将同一作品向其他报社、期刊社投稿。双方另有约定的除外。

作品刊登后，除著作权人声明不得转载、摘编的外，其他报刊可以转载或者作为文摘、资料刊登，但应当按照规定向著作权人支付报酬。

《著作权法》第四十二条规定，录音录像制作者使用他人作品制作录音录像制品，应当取得著作权人许可，并支付报酬。

录音制作者使用他人已经合法录制为录音制品的音乐作品制作录音制品，可以不经著作权人许可，但应当按照规定支付报酬；著作权人声明不许使用的不得使用。

《著作权法》第四十六条规定，广播电台、电视台播放他人未发表的作品，应当取得著作权人许可，并支付报酬。

广播电台、电视台播放他人已发表的作品，可以不经著作权人许可，但应当按照规定支付报酬。

综上可见，法定许可主要是作品传播者的使用行为：

（1）编写出版教科书。为实施九年义务教育和国家教育规划而编写出版教科书，可以不经著作权人许可，在教科书中汇编已经发表的作品片段或者短小的文字作品、音乐作品或单幅的美术作品、摄制作品、图形作品，但应当按照规定向著作权人支付报酬，指明作者姓名或者名称、作品名称，并且不得侵犯著作权人依照本法享有的其他权利。

（2）报刊转载、摘编。著作权人向报社、期刊投稿的作品刊登后，除著作权人声明不得转载、摘编的以外，其他报刊可以不经许可转载或者作为文摘、资料刊登，但应当按照规定向著作权人支付报酬。

（3）录音制作。除著作权人声明不许使用的以外，录音制作者可以不经著作权人许可，使用他人已经合法录制为录音制品的音乐作品制作录音制品，但应当按照规定支付报酬。

(4) 播放广播电视节目。广播电台、电视台播放他人已经发表的作品，可以不经著作权人许可，但应当按照规定支付报酬。

你知道吗

学校私自复印老师的讲义后卖给学生，即使不盈利，也不属于合理使用。

为了国家、社会团体或国际性庆典而进行的免费表演构成合理使用，为“希望工程”募捐而进行的表演因为向公众收取了费用，不构成合理使用。

为评论和说明问题需要合理使用他人作品的，要注意使用的目的和数量应该是“适当引用”，并注明引用作品的出处。著作权保护作品的表达而非思想。即使他人作品表述的事物属于公共领域，作者本人的表达也受到《著作权法》保护。

为实施义务教育和国家教育规划而编写出版教科书并非是指所有的教科书。丁晓春诉南通市教育局、江苏美术出版社侵犯著作权纠纷案中，法院认为，适用该规定的教科书也并非泛指中小学使用的所有教材，应当界定为经省级以上教育行政部门批准编写、经国家专门设立的学科审查委员会通过，并报送审定委员会批准后，由国家教育委员会列入全国普通中小学教学用书目录的中小学课堂正式用书。

根据国家版权局与国家发展和改革委员会联合公布的自2013年12月1日起施行的《教科书法定许可使用作品支付报酬

办法》，作品片断或者短小的文字作品，是指九年制义务教育教科书中使用的单篇不超过2000字的文字作品，或者国家教育规划（不含九年制义务教育）教科书中使用的单篇不超过3000字的文字作品。短小的音乐作品，是指九年制义务教育和国家教育规划教科书中使用的单篇不超过5页面或时长不超过5分钟的单声部音乐作品，或者乘以相应倍数的多声部音乐作品。教科书汇编者支付报酬的标准如下：“（一）文字作品：每千字300元，不足千字的按千字计算；（二）音乐作品：每首300元；（三）美术作品、摄影作品：每幅200元，用于封面或者封底的，每幅400元；（四）在与音乐教科书配套的录音制品教科书中使用的已有录音制品：每首50元。支付报酬的字数按实有正文计算，即以排印的版面每行字数乘以全部实有的行数计算。占行题目或者末尾排印不足一行的，按一行计算。诗词每十行按一千字计算；不足十行的按十行计算。非汉字的文字作品，按照相同版面同等字号汉字数付酬标准的80%计酬。”

案　例

电影《80后的独立宣言》由被告浙江新影年代公司投资制作，在电影宣传的海报背景部分中使用了“黑猫警长”和“葫芦娃”的卡通形象。原告上海美术电影制片厂对“黑猫警长”角色造型美术作品享有著作权，对“葫芦娃”角色造型美术作品享有除署名权之外的其他著作权。因此提起诉讼，认为被告构成对其修改权、复制权、发行权、信息网络传播权的侵犯。

海报上2/3部分突出了男女主角形象及主演姓名，背景则零散分布着诸多体现年代特征的元素，包括身着校服的少先队员参加升旗仪式等情景，黑白电视机、缝纫机、二八式自行车等日用品，铁皮青蛙等玩具，以及“葫芦娃”“黑猫警长”卡通形象。“葫芦娃”“黑猫警长”分别居于男女主角的左右两侧。诸多背景图案与男女主角形象相较，比例显著较小，“葫芦娃”“黑猫警长”美术形象与其他背景图案大小基本相同。

一审法院认为，判断对他人作品的使用是否属于合理使用，应当综合考虑被引用作品是否已经公开发表、引用他人作品的目的、被引用作品占整个作品的比例、是否会对原作品的正常使用或市场销售造成不良影响等因素予以认定。

涉案影片讲述了一个“80后”年轻人自主创业的励志故事，影片名称也明确指向了这一年龄段群体。葫芦娃、黑猫警长等这些属于“80后”成长记忆中具有代表性的人、物、景，这些元素相组合后具有较强的时代带入感，符合被告所述为配合说明影片“80后”主题进行海报创作的创意构思，故法院认定，被告使用被引用作品是为了说明涉案电影主角的年龄特征。

另外，从被引用作品占整个作品的比例来看，葫芦娃、黑猫警长两个形象与其他20多个表明“80后”时代特征的元素均作为背景使用，占海报面积较小，且比例大致相同，葫芦娃、黑猫警长的形象并未突出显示，被引用作品确只属于辅助、配角、从属的地位。

因此，一审法院认为属于适当引用。据此判决驳回原告的诉讼请求。

原告不服一审判决，向上海知识产权法院提起上诉。

上海知识产权法院认为，合理使用的审查认定并不以被引用作品在新作品中的引用是否必需为要件。葫芦娃、黑猫警长美术作品被引用在电影海报中具有了新的价值、意义和功能，其原有的艺术价值功能发生了转换，而且转换性程度较高，属于中国《著作权法》规定的为了说明某一问题的情形。

据此，上海知识产权法院判决驳回上诉，维持原判。

使用不经著作权人许可的已经发表的作品的，不得影响该作品的正常使用，也不得不合理地损害著作权人的合法利益。《著作权法》对专有权利进行保护的目的，不仅在于保护作者的正当权利，同时还在于促进作品的传播与使用，推动经济发展与社会进步。著作权合理使用制度正是为了平衡著作权人专有权的私益与公众自由获取的公益，通过对专有权利的“限制与例外”，从法律上保障合理使用前人作品的可能性。合理使用制度并不天然排斥商业性使用的可能，只要符合相关要件，仍然可以构成合理使用。

第九节　与著作权有关的权利——邻接权

邻接权在《著作权法》中又被称为“与著作权有关的权

利”。邻接权通常是指出版者、表演者、录音录像制作者、广播电台、电视台分别对其图书、报刊、表演活动、录音录像制品和广播电视节目所享有的一种类似于著作权的权利。根据我国《著作权法》第四章“与著作权有关的权利”的规定，邻接权包括出版者权、表演者权、录制者权、广播组织权。

一、出版者权

出版者包括出版社（图书出版者）和报社、杂志社（报刊出版者）。出版者的权利内容有：版式设计专有权、专有出版权等。版式设计是指出版者对其出版的图书、期刊的版面和外观装饰所作的设计。版式设计是出版者的创造性智力成果，出版者依法享有版式设计专有权，即有权许可或者禁止他人使用其出版的图书、期刊的版式设计。版式设计的权利保护期为十年，截止于使用该版式设计的图书、期刊首次出版后第十年的 12 月 31 日。

图书出版者对著作权人交付出版的作品，按照合同约定享有的专有出版权受法律保护，他人不得出版该作品。也就是说其他出版者未经许可不得出版同一作品，著作权人也不得将出版者享有专有出版权的作品一稿多投。

报社、期刊社对著作权人的投稿作品在一定期限内享有先载权。著作权人自稿件发出之日起十五日内未收到报社通知决定刊登的，或者自稿件发出之日起三十日内未收到期刊社通知决定刊登的，可以将同一作品向其他报社、期刊社投稿。双方另有约定的除外。

你知道吗

出版者的义务包括：按合同约定或国家规定向著作权人支付报酬；按照合同约定的出版质量、期限出版图书；重版、再版作品的，应当通知著作权人，并支付报酬；图书脱销后，图书出版者拒绝重印、再版的，著作权人有权终止合同；出版改编、翻译、注释、整理已有作品而产生的作品，应当取得演绎作品的著作权人和原作品的著作权人许可，并支付报酬；对出版行为的授权、稿件来源的署名、所编辑出版物的内容等尽合理的注意义务，避免出版行为侵犯他人的著作权等民事权利。

二、表演者权

表演者权的主体是指表演者，包括演员、演出单位或者其他表演文学、艺术作品的人。表演者权利的客体是指表演活动，即通过演员的声音、表情、动作公开再现作品或演奏作品。

根据《著作权法》第三十九条、第四十一条的规定，表演者对其表演享有下列权利：

“（一）表明表演者身份（权利的保护期不受限制）；

（二）保护表演形象不受歪曲（权利的保护期不受限制）；

（三）许可他人从现场直播和公开传送其现场表演，并获得报酬（权利的保护期为五十年，截止于该表演发生后第五十年的 12 月 31 日）；

（四）许可他人录音录像，并获得报酬（权利的保护期为五十年，截止于该表演发生后第五十年的 12 月 31 日）；

（五）许可他人复制、发行、出租录有其表演的录音录像制品，并获得报酬（权利的保护期为五十年，截止于该表演发生后第五十年的 12 月 31 日）；

（六）许可他人通过信息网络向公众传播其表演，并获得报酬（权利的保护期为五十年，截止于该表演发生后第五十年的 12 月 31 日）。

被许可人以上述第（三）项至第（六）项规定的方式使用作品，还应当取得著作权人许可，并支付报酬。”

根据《著作权法》第四十条的规定，演员为完成本演出单位的演出任务进行的表演为职务表演，演员享有表明身份和保护表演形象不受歪曲的权利，其他权利归属由当事人约定。当事人没有约定或者约定不明确的，职务表演的权利由演出单位享有。

职务表演的权利由演员享有的，演出单位可以在其业务范围内免费使用该表演。

你知道吗

表演者除了表演权之外，还应履行以下义务：表演者使用他人的作品演出，应当取得著作权人许可，并支付报酬；使用改编、翻译、注释、整理已有作品而产生的作品演出的，应当征得演绎作品著作权人和原作品著作权人许可，并支付报酬。

三、录制者权

录制者权的主体是录制者，包括录音制作者和录像制作者。录制者权的客体是录制品，包括录音制品和录像制品。

录音制品是指任何对表演的声音和其他声音的录制品；录像制品是指视听作品以外的任何有伴音或无伴音的连续相关形象、图像的原始录制品，包括表演的原始录制品和非表演的原始录制品。

根据《著作权法》第四十四条的规定，录音录像制作者对其制作的录音录像制品，享有许可他人复制、发行、出租、通过信息网络向公众传播并获得报酬的权利；权利的保护期为五十年，截止于该制品首次制作完成后第五十年的12月31日。被许可人复制、发行、通过信息网络向公众传播录音录像制品，应当同时取得著作权人、表演者许可，并支付报酬；被许可人出租录音录像制品，还应当取得表演者许可，并支付报酬。

四、广播组织权

广播组织权的主体是指广播电台和电视台。广播组织权的客体为播放的广播或电视，而非广播、电视节目，因为节目中包含的具体作品和制品还可以单独受到著作权和其他邻接权的保护。

根据《著作权法》第四十七条的规定，广播电台、电视台有权禁止未经其许可的下列行为（本权利的保护期为五十年，截止于该广播、电视首次播放后第五十年的 12 月 31 日）：

“（一）将其播放的广播、电视以有线或者无线方式转播；

（二）将其播放的广播、电视录制以及复制；

（三）将其播放的广播、电视通过信息网络向公众传播。”

广播电台、电视台行使前款规定的权利，不得影响、限制或者侵害他人行使著作权或者与著作权有关的权利。

你知道吗

著作财产权中的财产属性如何得以充分实现呢？这需要作品广泛的传播，因此传播者的权益也应该得到法律保护，尤其随着传播技术的发展，传播者的作用更加不可忽视，因此以他人作品为基础而衍生出的传播权——邻接权就产生了。

第十节　著作权的转让和许可

著作权的转让是指著作权人将其对作品所享有的部分或全部著作财产权在著作权保护期限内转移给他人所有。应当注意的是，著作人身权是不可转让的。

著作权的许可是指著作权人允许他人在一定时期、范围内以某一特定方式行使著作权。被许可的对象一般是著作财产权，少数情况下著作人身权也可以许可他人行使，如许可他人代为发表，许可他人代为修改等。

一、著作权的转让

（一）法律规定和理解

根据《著作权法》第二十七条的规定，转让著作财产权的应当订立书面合同。

权利转让合同包括下列主要内容：

（1）作品的名称；

（2）转让的权利种类、地域范围；

（3）转让价金；

（4）交付转让价金的日期和方式；

（5）违约责任；

（6）双方认为需要约定的其他内容。

因此，著作权转让后，受让方便成为被转让部分著作权的权利人，有权以自己的名义独立提起诉讼，对抗第三人的侵权。但是转让合同中著作权人未明确转让的权利，未经著作权人同意，另一方当事人不得行使。

著作权的转让仅仅是指著作财产权的转让，不包括著作人身权。被转让的著作财产权可以是著作财产权的全部，也可以是一部分。通过转让，著作权的主体发生变更。著作权转让，应当签订书面合同，可以向著作权行政管理部门备案。

（二）著作权转让合同

著作权转让合同应包含以下主要内容：

（1）作品的名称；

（2）转让的权利种类、地域范围；

（3）转让价金；

（4）交付转让价金的日期和方式；

（5）违约责任；

（6）双方认为需要约定的其他内容。

二、著作权的许可

（一）法律规定和理解

根据《著作权法》第二十六条的规定，使用他人作品应当同著作权人订立许可使用合同，本法规定可以不经许可的除外。

许可使用合同包括下列主要内容：

（1）许可使用的权利种类；

（2）许可使用的权利是专有使用权或者非专有使用权；

（3）许可使用的地域范围、期间；

（4）付酬标准和办法；

(5) 违约责任;

(6) 双方认为需要约定的其他内容。

因此，根据上述规定，著作权人可以许可他人行使著作财产权，并依照约定或者法律法规的规定获得报酬。著作权人可以将所有著作财产权合并在一起全部许可他人使用（通常这种形式比较罕见），也可以将著作财产权中的一项或几项许可他人使用。

（二）著作权许可合同

著作权许可合同应包含以下主要内容：

(1) 许可使用的权利种类

需在合同中明确说明许可使用的著作财产权利的种类。例如，出版中文图书需要复制权和发行权；翻译出版外文图书需要有翻译权、复制权和发行权；拍摄电影需要有改编权、摄制权和放映权等。

(2) 许可使用的权利是专有使用权或者非专有使用权

许可可以分为以下类型：

①专有使用许可，是指在一定地区内，著作权人授予一家被许可人使用有关作品一项或几项著作财产权的许可。根据双方的约定，如果合同约定排除著作权人的使用，那么这种许可被称为独占许可；如果约定不排除著作权人的使用，那么这种许可被称为排他许可。

在合同没有约定或者约定不明的情况下，视为被许可人有权排除包括著作权人在内的任何人以同样的方式使用作品。但是，除非合同另有约定，被许可人不能再向外授权。

专有使用许可的目的在于保证被许可人在同一市场上没有竞争对手。

②普通使用许可，即非专有许可使用权，是指除被许可人之外，著作权人仍保留着本人使用作品和授权第三人以相同的方式使用作品的权利。

③分许可。这是基本许可派生的许可。除被许可人自己使用外，经著作权人许可，被许可人还有权授予第三人使用作品的相同权利或其中部分权利。

注意，分许可的被许可人的权利不能超过分许可人所拥有的权利。

（3）许可使用的地域范围、期间

如果合同没有约定，著作权许可使用的地域一般是《著作权法》的施行地域，即中国大陆或大陆某地区。

许可使用的期间可以是著作权有效期间内的一个时间段，也可以是著作权的全部保护期限。

（4）付酬标准和办法

付酬办法是指支付报酬的具体办法，如一次性支付还是分期支付，用什么货币支付等。

（5）违约责任

合同签订后，合同双方当事人按照合同规定履行权利和义务。《著作权法》规定，当事人不履行合同义务或履行合同义务不符合约定条件的，应当按照《民法典》的有关规定承担民事责任。

（6）双方认为需要约定的其他内容

此处的规定可以是，例如：在合同履行中发生争议的，且协商未果的情况下，应当如何解决纠纷。如果在合同中订有仲裁条款，就可以向仲裁机构申请仲裁。

你知道吗

某些特殊作品，例如，音乐作品有时需要在著作权集体管理组织介入的情况下，代表著作权人与作品的使用者签订许可合同。

这种情况是根据《著作权集体管理条例》，权利人与著作权集体管理组织订立著作权集体管理合同后，不得在合同约定期限内自己行使或者许可他人行使合同约定的由著作权集体管理组织行使的权利。

著作权集体管理组织许可他人使用其管理的作品、录音录像制品等，应当与使用者以书面形式订立许可使用合同。著作权集体管理组织不得与使用者订立专有许可使用合同。使用者以合理的条件要求与著作权集体管理组织订立许可使用合同，著作权集体管理组织不得拒绝。许可使用合同的期限不得超过2年；合同期限届满可以续订。

案例

2012年3月9日，上海紫源影视文化传媒有限公司（以下简称紫源公司）与张某签订《作品改编权转让合同》，约定张某将其所著的长篇小说《兰陵缭乱》（共三部）的电视剧改编权及拍摄权转让给紫源公司独家使用五年。张某在合同期内不得将该权利转让给任何单位和个人，否则，除应当退还紫源公司已支付的全部款项外，还应当按照合同约定转让费总额的两倍支付违约金。涉案合同签订后，紫源公司向张某支付转让费10万元。

2016年11月15日，紫源公司授权北京美盛空间影视文化传媒有限公司（简称美盛空间公司）备案该小说改编的50集电视剧。2017年1月5日，北京市新闻出版广电局初审退回了美盛空间公司的上述备案申报，其审核意见为“根据你公司提供材料，该剧与已公示剧目《陵银缭乱》故事内容相似，退回”。

《陵银缭乱》系北京青红橙绿文化传媒有限公司（简称青红橙绿公司）备案的电视剧，青红橙绿公司于2015年7月与张某的经纪人就张某的作品《兰陵缭乱》的电影及网络剧改编权签订了许可使用协议，并支付了款项。

紫源公司认为张某违反合同约定，将涉案小说电视剧的改编权及拍摄权转让给青红橙绿公司，构成违约，向朝阳区人民法院起诉，请求法院判令：张某退还紫源公司已经支付的转让费10万元、支付赔偿款20万元以及经济损失3 316 226元。

一审法院认为，本案的核心问题在于《作品改编权转让合同》的相关条款应如何解释，其中约定的电视剧改编权及拍摄权是否包含网络电视剧的改编权及拍摄权。因此，一审法院认为，从法律规定来看，《著作权法》并未对电视剧作品或网络电视剧作品予以区分，而是统称为电影作品和以类似摄制电影的方法创作的作品。从合同文本来看，涉案《作品改编权转让合同》亦未明确区分电视剧和网络电视剧，合同全文均系以“电视剧改编权及拍摄权”为合同约定客体。从交易习惯来看，张某作为涉案小说的作者，如其认为涉案合同仅就小说《兰陵缭乱》改编、拍摄为电视剧并传播的权利进行转让，同时保留网络电视剧等新类型电视剧的相关著作权，理应在合同中通过各种方式予以明确。但双方在涉案转让合同中未就“电视剧”或“网络电视剧”的权利进行限定或以其他方式将网络电视剧排除在外，亦未对可能出现的其他新类型电视作品约定相应的保留条款。从合同目的来看，根据合同第一条和第五条的约定，紫源公司所期待实现的合同目的在于排除张某或他人对涉案小说改编、拍摄电视剧可能产生的竞争，以保障其在电视剧领域中对该小说享有的独占改编权及拍摄权。综上，张某的涉案行为构成违约，应当承担相应的违约责任。因此，判决张某退还许可费 10 万元、支付赔偿款 20 万元以及经济损失 100 万元。

张某不服，向北京知识产权法院提起上诉。二审法院认为，本案的争议焦点在于张某将涉案小说《兰陵缭乱》的网络剧改编权和拍摄权授权青红橙绿公司是否构成违约。根据《作品改编权转让合同》第一条及第四条第六项的约定，尤其是后者的“包括但不限于以电视网络等新媒体播放或传播该电视剧”等词句，可以确定双方的真实意思是张某同意紫源公司将涉案小说改编和拍摄成单元剧或连续剧，且允许播放的渠道既包括电视也包括网络等新媒体。也就是说，根据上述合同，张某已将涉案小说改编和拍摄成单元剧或连续剧在互联网播放的权利也独家授予了紫源公司。而张某在有效的合同期内，将涉案小说的网络剧改编权和拍摄权又授权给案外人，已经构成违约。因此，判决驳回上诉请求，维持原判。

张某不服二审判决，向北京市高级人民法院申请再审。北京市高级人民法院 2021 年 9 月 9 日裁定驳回了再审申请。

第十一节　著作权的侵权与救济

一、法律规定

侵犯著作权的行为根据危害程度分为两类，分别在《著作权法》第五十二条和第五十三条进行规定。前者的侵权行为只承担民事责任，后者的侵权行为在承担民事责任的同时还应该承担行政或刑事责任。

第五十二条规定："有下列侵权行为的，应当根据情况，承担停止侵害、消除影响、赔礼道歉、赔偿损失等民事责任：

（一）未经著作权人许可，发表其作品的；

（二）未经合作作者许可，将与他人合作创作的作品当作自己单独创作的作品发表的；

（三）没有参加创作，为谋取个人名利，在他人作品上署名的；

（四）歪曲、篡改他人作品的；

（五）剽窃他人作品的；

（六）未经著作权人许可，以展览、摄制视听作品的方法使用作品，或者以改编、翻译、注释等方式使用作品的，本法另有规定的除外；

（七）使用他人作品，应当支付报酬而未支付的；

（八）未经视听作品、计算机软件、录音录像制品的著作权人、表演者或者录音录像制作者许可，出租其作品或者录音录像制品的原件或者复制件的，本法另有规定的除外；

（九）未经出版者许可，使用其出版的图书、期刊的版式设计的；

（十）未经表演者许可，从现场直播或者公开传送其现场表演，或者录制其表演的；

（十一）其他侵犯著作权以及与著作权有关的权利的行为。”

第五十三条规定：“有下列侵权行为的，应当根据情况，承担本法第五十二条规定的民事责任；侵权行为同时损害公共利益的，由主管著作权的部门责令停止侵权行为，予以警告，没收违法所得，没收、无害化销毁处理侵权复制品以及主要用于制作侵权复制品的材料、工具、设备等，违法经营额五万元以上的，可以并处违法经营额一倍以上五倍以下的罚款；没有违法经营额、违法经营额难以计算或者不足五万元的，可以并处二十五万元以下的罚款；构成犯罪的，依法追究刑事责任：

（一）未经著作权人许可，复制、发行、表演、放映、广播、汇编、通过信息网络向公众传播其作品的，本法另有规定的除外；

（二）出版他人享有专有出版权的图书的；

（三）未经表演者许可，复制、发行录有其表演的录音录像制品，或者通过信息网络向公众传播其表演的，本法另有规定的除外；

（四）未经录音录像制作者许可，复制、发行、通过信息网络向公众传播其制作的录音录像制品的，本法另有规定的除外；

（五）未经许可，播放、复制或者通过信息网络向公众传播广播、电视的，本法另有规定的除外；

（六）未经著作权人或者与著作权有关的权利人许可，故意避开或者破坏技术措施的，故意制造、进口或者向他人提供主要用于避开、破坏技术措施的装置或者部件的，或者故意为他人避开或者破坏技术措施提供技术服务的，法律、行政法规另有规定的除外；

（七）未经著作权人或者与著作权有关的权利人许可，故意删除或者改变作品、版式设计、表演、录音录像制品或者广播、电视上的权利管理信息的，知道或者应当知道作品、版式设计、表演、录音录像制品或者广播、电视上的权利管理信息未经许可被删除或者改变，仍然向公众提供的，法律、行政法规另有规定的除外；

（八）制作、出售假冒他人署名的作品的。”

你知道吗

所谓技术措施是指用于防止、限制未经权利人许可浏览、欣赏作品、表演、录音录像制品或者通过信息网络向公众提供作品、表演、录音录像制品的有效技术、装置或者部件。

《著作权法》为了保护著作权及其邻接权，权利人可以采取技术措施。未经权利人许可，任何组织或者个人不得故意避开或者破坏技术措施，不得以避开或者破坏技术措施为目的制造、进口或者向公众提供有关装置或者部件，不得故意为他人避开或者破坏技术措施提供技术服务。但是，法律、行政法规规定可以避开的情形除外。

《著作权法》第五十条规定：“下列情形可以避开技术措施，但不得向他人提供避开技术措施的技术、装置或者部件，不得侵犯权利人依法享有的其他权利：

（一）为学校课堂教学或者科学研究，提供少量已经发表的作品，供教学或者科研人员使用，而该作品无法通过正常途径获取；

（二）不以营利为目的，以阅读障碍者能够感知的无障碍方式向其提供已经发表的作品，而该作品无法通过正常途径获取；

（三）国家机关依照行政、监察、司法程序执行公务；

（四）对计算机及其系统或者网络的安全性能进行测试；

（五）进行加密研究或者计算机软件反向工程研究。”

二、侵犯著作权的法律责任

侵犯著作权应当承担的法律责任有民事责任、行政责任，构成犯罪的，还应当承担刑事责任。

适用民事责任的，应停止侵害、消除影响、赔礼道歉、赔偿损失等。

适用行政责任的，侵权行为同时损害公共利益的，由主管著作权的部门责令停止侵权行为，予以警告，没收违法所得，没收、无害化销毁处理侵权复制品以及主要用于制作侵权复制品的材料、工具、设备等，违法经营额五万元以上的，可以并处违法经营额一倍以上五倍以下的罚款；没有违法经营额、违法经营额难以计算或者不足五万元的，可以并处二十五万元以下的罚款。

适用刑事责任的，违法所得数额较大或者有其他严重情节的，处三年以下有期徒刑，并处或者单处罚金；违法所得数额巨大或者有其他特别严重情节的，处三年以上十年以下有期徒刑，并处罚金。

具体适用什么样的责任形式，达到什么样的程度，需要法官根据侵权行为、受害人损失以及侵权行为人的过错，综合判断进行裁量。

案例

1985年至1987年，上海美术电影制片厂有限公司（简称美影厂）创作完成动画片《葫芦兄弟》第一集至第十三集的内容，并通过电视台等播映。该动画片中，七个葫芦娃角色形象造型一致，其共同的特征为四方脸型、赤足、头顶葫芦冠、颈戴葫芦叶项圈、身穿坎肩短裤、腰围葫芦叶围裙，但服饰分为七种颜色。

北京四月星空网络技术有限公司（简称四月星空公司）经案外人授权，将漫画《十万个冷笑话》改编为系列动画片《十万个冷笑话》。《十万个冷笑话》第一季第4、5、6集为被控侵权作品《福禄·篇》，其于2012年11月至2013年2月上线，以搞笑的方式演绎了福禄娃救爷爷的故事：蛇精在葫芦未成熟时抓走爷爷，福禄兄弟相继去救爷爷，但均告失败，被蛇精捉获。福禄娃被投入炼丹炉，意外合体成为福禄小金刚。福禄小金刚收服了蛇精，却与蛇精生活在一起。

《福禄·篇》中的六个福禄娃动漫形象均为少年形象，头身比例基本一致，身体上均有明显的肌肉线条，赤足，身穿坎肩短裤，腰围葫芦叶围裙，除大娃外的五个福禄娃均头顶葫芦冠。六个福禄娃的坎肩、短裤、葫芦叶服饰与对应的葫芦娃的服饰基本相同。

四月星空公司和天津仙山文化传播有限公司（简称仙山公司）是关联公司，经仙山公司授权，搜狐视频向公众提供动画片《十万个冷笑话》的在线播放服务。

美影厂认为，《福禄·篇》大量使用《葫芦兄弟》动画片元素，且通过低俗、恶搞、丑化的表达方式肆意歪曲、篡改《葫芦兄弟》动画片及葫芦娃动漫角色形象，侵犯了其著作权，请求杨浦区人民法院判令被告停止侵权、消除影响、赔偿经济损失500万元及合理费用2万元。

一审法院认为，福禄娃与葫芦娃的服饰部分构成实质性相似，四月星空公司侵害了美影厂对葫芦娃美术作品享有的改编权。动画片《福禄·篇》与《葫芦兄弟》在人物设置及人物关系、主角人物技能、故事脉络等方面高度相似，两者构成实质性相似，四月星空公司侵害了美影厂对《葫芦兄弟》动画片享有的改编权。因此判决：四月星空公司、仙山公司停止侵权、刊登声明以消除影响，并赔偿经济损失150万元；四月星空公司、仙山公司、搜狐公司、飞狐公司赔偿合理费用2万元；驳回美影厂的其余诉讼请求。

一审判决后，四月星空公司、仙山公司向上海知识产权法院提起上诉。二审法院作出驳回上诉、维持原判的终审判决。

第五章 其 他

第一节 集成电路布图设计

一、集成电路布图简介

集成电路，是指半导体集成电路，即以半导体材料为基片，将至少有一个是有源元件的两个以上元件和部分或者全部互连线路集成在基片之中或者基片之上，以执行某种电子功能的中间产品或者最终产品。它是微电子技术的核心，电子信息技术基础。广泛应用于计算机、通信设备、家用电器等电子产品。

集成电路布图设计，是指集成电路中至少有一个是有源元件的两个以上元件和部分或者全部互连线路的三维配置，或者为制造集成电路而准备的上述三维配置。

二、集成电路布图设计保护

（一）保护条件

集成电路布图设计的登记机构是国家知识产权局。

受保护的集成电路布图设计应当具有独创性，即该布图设计是创作者自己的智力劳动成果，并且在其创作时该布图设计在布图设计创作者和集成电路制造者中不是公认的常规设计。受保护的由常规设计组成的布图设计，其组合作为整体应当符合上述规定的条件。

对布图设计的保护，不延及思想、处理过程、操作方法或者数学概念等。

（二）享有的权利

集成电路布图设计专有权的权利人享有以下权利：

（1）对受保护的布图设计的全部或者其中任何具有独创性的部分进行复制；

（2）将受保护的布图设计、含有该布图设计的集成电路或者含有该集成电路的物品投入商业利用；

（3）将其专有权转让或者许可他人使用其布图设计。

（三）保护的期限

集成电路布图设计专有权的保护期为10年，自布图设计登记申请之日或者在世界任何地方首次投入商业利用之日起计算，以较前日期为准。

但是，无论是否登记或者投入商业利用，布图设计自创作完成之日起15年后，不再受《中华人民共和国集成电路布图设计保护条例》（简称《集成电路布图设计保护条例》）保护。

（四）登记条件

申请布图设计登记，应当提交：

（1）布图设计登记申请表；

（2）布图设计的复制件或者图样；

（3）布图设计已投入商业利用的，提交含有该布图设计的集成电路样品；

（4）国务院知识产权行政部门规定的其他材料。

但是，布图设计自其在世界任何地方首次商业利用之日起2年内，未向国务院知识产权行政部门提出登记申请的，国务院知识产权行政部门不再予以登记。

布图设计登记申请经初步审查，未发现驳回理由的，由国务院知识产权行政部门予以登记，发给登记证明文件，并予以公告。

布图设计登记申请人对国务院知识产权行政部门驳回其登记申请的决定不服的，可以自收到通知之日起3个月内，向国务院知识产权行政部门请求复审。国务院知识产权行政部门复审后，作出决定，并通知布图设计登记申请人。布图设计登记申请人对国务院知识产权行政部门的复审决定仍不服的，可以自收到通知之日起 3 个月内向人民法院起诉。

布图设计获准登记后，国务院知识产权行政部门发现该登记不符合《集成电路布图设计保护条例》规定的，应当予以撤销，通知布图设计权利人，并予以公告。布图设计权利人对国务院知识产权行政部门撤销布图设计登记的决定不服的，可以自收到通知之日起 3 个月内向人民法院起诉。

(五) 合理使用

下列行为可以不经布图设计权利人许可，不向其支付报酬：

(1) 为个人目的或者单纯为评价、分析、研究、教学等目的而复制受保护的布图设计的；

(2) 在依据前项评价、分析受保护的布图设计的基础上，创作出具有独创性的布图设计的；

(3) 对自己独立创作的与他人相同的布图设计进行复制或者将其投入商业利用的。

受保护的布图设计、含有该布图设计的集成电路或者含有该集成电路的物品，由布图设计权利人或者经其许可投放市场后，他人再次商业利用的，可以不经布图设计权利人许可，并不向其支付报酬。

(六) 侵权行为

除《集成电路布图设计保护条例》另有规定的外，未经布图设计权利人许可，有下列行为之一的，行为人必须立即停止侵权行为，并承担赔偿责任：

（1）复制受保护的布图设计的全部或者其中任何具有独创性的部分的；

（2）为商业目的进口、销售或者以其他方式提供受保护的布图设计、含有该布图设计的集成电路或者含有该集成电路的物品的。

侵犯布图设计专有权的赔偿数额，为侵权人所获得的利益或者被侵权人所受到的损失，包括被侵权人为制止侵权行为所支付的合理开支。

第二节　植物新品种

一、植物新品种权简介

植物新品种是指经过人工培育的或者对发现的野生植物加以开发，具备新颖性、特异性、一致性、稳定性，并有适当的命名的植物新品种。完成育种的单位和个人对其授权的品种，享有排他的独占权，即拥有植物新品种权。

二、植物新品种权授予条件

（一）品种归属

申请品种权的植物新品种应当属于国家植物品种保护名录中列举的植物的属或者种。植物品种保护名录由审批机关确定和公布。

（二）实体条件

（1）新颖性，是指申请品种权的植物新品种在申请日前该品种繁殖材料未被销售，或者经育种者许可，在中国境内销售该品种繁殖材料未超过1年；在中国境外销售藤本植物、林木、果树和观赏树木品种繁殖材料未超过6年，销售其他植物品种繁殖材料未超过4年。

（2）特异性，是指申请品种权的植物新品种应当明显区别于在递交申请以前已知的植物品种。

（3）一致性，是指申请品种权的植物新品种经过繁殖，除可以预见的变异外，其相关的特征或者特性一致。

（4）稳定性，是指申请品种权的植物新品种经过反复繁殖后或者在特定繁殖周期结束时，其相关的特征或者特性保持不变。

（三）名称要求

授予品种权的植物新品种应当具备适当的名称，并与相同或者相近的植物属或者种中已知品种的名称相区别。该名称经注册登记后即为该植物新品种的通用名称。

下列名称不得用于品种命名：

（1）仅以数字组成的；

（2）违反社会公德的；

（3）对植物新品种的特征、特性或者育种者的身份等容易引起误解的。

三、植物新品种权保护

我国植物新品种保护工作是由国家林业和草原局和农业农村部两个部门来进行的。根据两部门在植物新品种保护工作上的分工，国家林业和草原局负责林木、竹、木质藤本、木本观赏植物（包括木本花卉）、果树（干果部分）及木本油料、饮料、调料、木本药材等植物新品种的保护工作，农业农村部负责粮食、棉花、油料、麻类、糖料、蔬菜（含西甜瓜）、烟草、桑树、茶树、果树（干果除外）、观赏植物（木本除外）、草类、绿肥、草本药材、食用菌、藻类和橡胶树等植物新品种的保护工作。

藤本植物、林木、果树和观赏树木的品种权保护期限为20

年，其他植物为 15 年，自授权之日起计。品种权人应当自被授予品种权的当年开始缴纳年费，并且按照审批机关的要求提供用于检测的该授权品种的繁殖材料。

任何单位或者个人未经品种权所有人许可，不得为商业目的生产或者销售该授权品种的繁殖材料，不得为商业目的将该授权品种的繁殖材料重复使用于生产另一品种的繁殖材料；但是，《中华人民共和国植物新品种保护条例》另有规定的除外。

未经品种权人许可，以商业目的生产或者销售授权品种的繁殖材料的，品种权人或者利害关系人可以请求省级以上人民政府农业、林业行政部门依据各自的职权进行处理，也可以直接向人民法院提起诉讼。

四、植物新品种权的终止和无效

（一）植物新品种权的终止

有下列情形之一的，品种权在其保护期限届满前终止：

（1）品种权人以书面声明放弃品种权的；

（2）品种权人未按照规定缴纳年费的；

（3）品种权人未按照审批机关的要求提供检测所需的该授权品种的繁殖材料的；

（4）经检测该授权品种不再符合被授予品种权时的特征和特性的。

品种权的终止，由审批机关登记和公告。

（二）植物新品种权的无效

（1）自审批机关公告授予品种权之日起，植物新品种复审委员会可以依据职权或者依据任何单位或者个人的书面请求，对不符合新颖性、特异性、一致性、稳定性规定的，宣告品种权无效；对不符合名称要求规定的，予以更名。宣告品种权无效或者更名的决定，由审批机关登记和公告，并通知当事人。

品种权人对植物新品种复审委员会的决定不服的，可以自收到通知之日起3个月内向人民法院提起诉讼。

（2）被宣告无效的品种权视为自始不存在。

宣告品种权无效的决定，对在宣告前人民法院作出并已执行的植物新品种侵权的判决、裁定，省级以上人民政府农业、林业行政部门作出并已执行的植物新品种侵权处理决定，以及已经履行的植物新品种实施许可合同和植物新品种权转让合同，不具有追溯力；但是，因品种权人的恶意给他人造成损失的，应当给予合理赔偿。

依照前款规定，品种权人或者品种权转让人不向被许可实施人或者受让人返还使用费或者转让费，明显违反公平原则的，品种权人或者品种权转让人应当向被许可实施人或者受让人返还全部或者部分使用费或者转让费。

第三节　商业秘密

一、商业秘密简介

根据《民法典》第一百二十三条的规定，商业秘密属于知识产权的客体之一。

商业秘密，是指不为公众所知悉、具有商业价值并经权利人采取相应保密措施的技术信息、经营信息等商业信息。

因此，商业秘密的构成要件是秘密性、价值性、保密性。

二、商业秘密的内容及其特点

商业秘密包括：技术信息、经营信息以及其他类型的商业信息。

根据2020年8月24日由最高人民法院审判委员会第1810次会议通过，自2020年9月12日起施行的《最高人民法院关于审理侵犯商业秘密民事案件适用法律若干问题的规定》，与技术有关的结构、原料、组分、配方、材料、样品、样式、植物新品种繁殖材料、工艺、方法或其步骤、算法、数据、计算机程序及其有关文档等信息，人民法院可以认定构成《中华人民共和国反不正当竞争法》（2019 年修正，简称《反不正当竞争法》）第九条第四款所称的技术信息；与经营活动有关的创意、管理、销售、财务、计划、样本、招投标材料、客户信息、数据等信息，人民法院可以认定构成《反不正当竞争法》第九条第四款所称的经营信息；前款所称的客户信息，包括客户的名称、地址、联系方式以及交易习惯、意向、内容等信息。

商业秘密的特点有：

（1）非公开性，商业秘密的前提是不为公众所知悉，指该信息是不能从公开渠道直接获取的。

（2）非排他性，商业秘密是一项相对的权利，不具有排他性。如果其他人以合法方式取得了同一内容的商业秘密，其他人就与该商业秘密的拥有者有着同样的地位。商业秘密的拥有者既不能阻止在他之前已经开发掌握该信息的人使用、转让该信息，也不能阻止在他之后开发掌握该信息的人使用、转让该信息。

（3）利益相关，能为权利人带来经济利益，具有实用性，是指该信息具有可确定的可应用性，能为权利人带来现实的或者潜在的经济利益或者竞争优势。

（4）期限保护，商业秘密的保护期不是法定的，取决于权利人的保密措施和其他人对此项秘密的公开。

三、商业秘密构成要件的认定

商标秘密的基本构成要件为秘密性、价值性以及保密性，对商业秘密构成要件应做如下认定。

（一）秘密性

秘密性，即不为公众所知悉。根据《最高人民法院关于审理侵犯商业秘密民事案件适用法律若干问题的规定》第三条的规定，权利人请求保护的信息在被诉侵权行为发生时不为所属领域的相关人员普遍知悉和容易获得的，人民法院应当认定为《反不正当竞争法》第九条第四款所称的不为公众所知悉。

因此，“不为公正所知悉”应具有两个方面的内容：第一，商业秘密应该不为所属领域的相关人员普遍知悉，即商业秘密未被相关公开出版物所披露，不属于公知技术或公知信息；第二，商业秘密是不容易获得的，即需要投入大量的研发资金、人力、智力和物力才能获得。

《最高人民法院关于审理侵犯商业秘密民事案件适用法律若干问题的规定》第四条还列举了常见的“为公众所知悉”的情形，即具有下列情形之一的，人民法院可以认定有关信息为公众所知悉：第一，该信息在所属领域属于一般常识或者行业惯例的；第二，该信息仅涉及产品的尺寸、结构、材料、部件的简单组合等内容，所属领域的相关人员通过观察上市产品即可直接获得的；第三，该信息已经在公开出版物或者其他媒体上公开披露的；第四，该信息已通过公开的报告会、展览等方式公开的；第五，所属领域的相关人员从其他公开渠道可以获得该信息的。但是，将为公众所知悉的信息进行整理、改进、加工后形成的新信息，符合本规定第三条规定的，应当认定该新信息不为公众所知悉。

一般在实践中，对于技术信息是否具有秘密性的认定，若权利人主张保护的技术信息经鉴定机构鉴定，属于非公知技术、需付出一定代价才能获得，一般会被认定为具有秘密性；对于经营信息是否具有秘密性的认定，若权利人主张保护的经营信息是通过公共渠道无法获得的信息，例如含有产品型号、价格及交易习惯、交易意向等信息的特定客户名单，一般会被认定为具有秘密性。

（二）价值性

商业秘密的价值性是指商业秘密能为权利人带来现实的或潜在的经济价值或竞争优势。根据《最高人民法院关于审理侵犯商业秘密民事案件适用法律若干问题的规定》第七条的规定，权利人请求保护的信息因不为公众所知悉而具有现实的或者潜在的商业价值的，人民法院经审查可以认定为《反不正当竞争法》第九条第四款所称的具有商业价值。生产经营活动中形成的阶段性成果符合前款规定的，人民法院经审查可以认定该成果具有商业价值。

现行《反不正当竞争法》将旧法中商业秘密的“实用性”修改为“商业价值”，可以说是在未改变实质含义的基础上，回归了商业秘密的本质属性。依据现行法律，一些表面上不能直接实施应用的方案和技术，例如，失败的研究数据、失败的经营方式和经营模式等，虽然不能带来积极的经济利益，但是能降低研发成本，减少研发的曲折和弯路，同样具有值得保护的商业价值。

为认定商业秘密的价值性，权利人在主张商业秘密时，应该积极准备其商业秘密具有商业价值的证据。如，对于技术秘密，可以是技术秘密的开发成本、许可使用费用等证据；而对于经营秘密，则可以通过举证所主张的经营信息属于区别于相关公知信息的特殊客户信息，并可以证明该经营信息是权利人长期生产经营活动的积累，反映了公司的经营策略，能为公司带来竞争优势和经济利益等。

（三）保密性

采取保密措施，是相关信息能够作为商业秘密受到法律保护的必要条件之一。这种措施应当是商业秘密的权利人根据有关情况所采取的合理措施，这种保密措施至少应当能够使对交易对方或者第三人知道权利人有对相关信息予以保密的意图，或者至少能够使一般的经营者施以正常的注意力即可得出类似结论。常规的保密措施有：与涉密人员或客户签订保密合同、针对保密信息设置访客管理、在研发或生产区域设置保密标识等。

《最高人民法院关于审理侵犯商业秘密民事案件适用法律若干问题的规定》第五条规定，权利人为防止商业秘密泄露，在被诉侵权行为发生以前所采取的合理保密措施，人民法院应当认定为《反不正当竞争法》第九条第四款所称的相应保密措施。人民法院应当根据商业秘密及其载体的性质、商业秘密的商业价值、保密措施的可识别程度、保密措施与商业秘密的对应程度以及权利人的保密意愿等因素，认定权利人是否采取了相应保密措施。

《最高人民法院关于审理侵犯商业秘密民事案件适用法律若干问题的规定》第六条规定，具有下列情形之一，在正常情况下足以防止商业秘密泄露的，人民法院应当认定权利人采取了相应保密措施：

（1）签订保密协议或者在合同中约定保密义务的；

（2）通过章程、培训、规章制度、书面告知等方式，对能够接触、获取商业秘密的员工、前员工、供应商、客户、来访者等提出保密要求的；

（3）对涉密的厂房、车间等生产经营场所限制来访者或者进行区分管理的；

（4）以标记、分类、隔离、加密、封存、限制能够接触或者获取的人员范围等方式，对商业秘密及其载体进行区分和管理的；

（5）对能够接触、获取商业秘密的计算机设备、电子设备、网络设备、存储设备、软件等，采取禁止或者限制使用、访问、存储、复制等措施的；

（6）要求离职员工登记、返还、清除、销毁其接触或者获取的商业秘密及其载体，继续承担保密义务的；

（7）采取其他合理保密措施的。

四、商业秘密保护

（一）侵犯商业秘密的行为

现行《反不正当竞争法》第九条规定，经营者不得实施下列侵犯商业秘密的行为：

（1）以盗窃、贿赂、欺诈、胁迫、电子侵入或者其他不正当手段获取权利人的商业秘密；

（2）披露、使用或者允许他人使用以前项手段获取的权利人的商业秘密；

（3）违反保密义务或者违反权利人有关保守商业秘密的要求，披露、使用或者允许他人使用其所掌握的商业秘密；

（4）教唆、引诱、帮助他人违反保密义务或者违反权利人有关保守商业秘密的要求，获取、披露、使用或者允许他人使用权利人的商业秘密。

经营者以外的其他自然人、法人和非法人组织实施前款所列违法行为的，视为侵犯商业秘密。

第三人明知或者应知商业秘密权利人的员工、前员工或者其他单位、个人实施本条第一款所列违法行为，仍获取、披露、使用或者允许他人使用该商业秘密的，视为侵犯商业秘密。

《最高人民法院关于审理侵犯商业秘密民事案件适用法律若干问题的规定》第九条规定，被诉侵权人在生产经营活动中直接使用商业秘密，或者对商业秘密进行修改、改进后使用，或者根据商业秘密调整、优化、改进有关生产经营活动的，人民法院应当认定属于《反不正当竞争法》第九条所称的使用商业秘密。

（二）不属于侵犯商业秘密的行为

《最高人民法院关于审理侵犯商业秘密民事案件适用法律若干问题的规定》第十四条规定，通过自行开发研制或者反向工程获得被诉侵权信息的，人民法院应当认定不属于《反不正当竞争法》第九条规定的侵犯商业秘密行为。

前款所称的反向工程，是指通过技术手段对从公开渠道取得的产品进行拆卸、测绘、分析等而获得该产品的有关技术信息。

被诉侵权人以不正当手段获取权利人的商业秘密后，又以反向工程为由主张未侵犯商业秘密的，人民法院不予支持。

你知道吗

我国并没有商业秘密的单行法，涉及商业秘密保护的法律有《民法典》《劳动法》《反不正当竞争法》《刑法》以及《律师法》等。权利人需要采取保密措施，包括订立保密协议、建立保密制度及采取其他合理的保密措施来保护己方的商业秘密。

第四节　知识产权海关保护

一、知识产权海关保护简介

知识产权海关保护，指海关依法禁止侵犯知识产权的货物进出口的措施。

在世界贸易组织《与贸易有关的知识产权协定》（*Agreement on Trade-Related Aspects of Intellectual Property Rights*）中被称为知识产权的边境措施（border measures）。

二、我国知识产权海关保护

根据《中华人民共和国知识产权海关保护条例》，知识产权海关保护是指中国海关对与进出口货物有关并受中华人民共和国法律、行政法规保护的商标专用权、著作权和与著作权有关的权利、专利权实施的保护。

中国海关对知识产权的保护可以划分为“依申请保护”和“依职权保护”两种模式。

（1）依申请保护，是指知识产权权利人事先将其知识产权情况向海关总署申请备案，成功备案后发现侵权嫌疑货物即将进出口时，向海关提出采取保护措施的申请，由海关对侵权嫌疑货物实施扣留的措施。由于海关对依申请扣留的侵权嫌疑货物不进行调查，知识产权权利人需要就有关侵权纠纷向人民法院起诉，所以依申请保护也被称作海关对知识产权的“被动保护”模式。

知识产权海关保护备案自海关总署准予备案之日起生效，有效期为 10 年。知识产权有效的，知识产权权利人可以在知识产权海关保护备案有效期届满前 6 个月内，向海关总署申请续展备案。每次续展备案的有效期为 10 年。

（2）依职权保护，是指海关在监管过程中发现进出口货物有侵犯在海关总署备案的知识产权的嫌疑时，主动中止货物的通关程序并通知有关知识产权权利人，并根据知识产权权利人的申请对侵权嫌疑货物实施扣留的措施。

由于海关依职权扣留侵权嫌疑货物属于主动采取制止侵权货物进出口，而且海关还有权对货物的侵权状况进行调查和对有关当事人进行处罚，所以依职权保护也被称作海关对知识产权的“主动保护”模式。

第五节　反不正当竞争

一、反不正当竞争的历史沿革

现代反不正当竞争法始于法国。伴随着工业大革命的发展，当工业产权无法对许多新权利类型进行有效保护，且新形态的不正当市场竞争行为又亟须法律予以规制时，1850 年前后，法国法院在适用《法国民法典》第一千三百八十二条有关侵权行为的法律规范处理某些案例时，首先提出了“不正当竞争”的概念。1900 年《保护工业产权巴黎公约》修订时加入了反不正当竞争的规定（即第十条第二款），反不正当竞争由此成为知识产权保护的内容得以固定化并继续发展。1967 年签订的《建立世界知识产权组织公约》中更是明文把“反不正当竞争”保护作为知识产权保护的一项，放在公约中。

我国制定全国性的制止不正当竞争法的立法活动始于 20 世纪 80 年代后期。1987 年，由国务院法制局牵头，国家体改委、国家工商局等七部门参加，起草了《禁止垄断和不正当竞争条例》。此后，由于立法意图发生变化，拟分别制定《反不正当竞争法》和《反垄断法》。1992 年年初，根据全国人大常委会的立法计划，原国家工商行政管理局承担《反不正当竞争法》的起草任务，为此成立了专门的起草小组。在原有工作的基础上，起草小组收集和研究国内外有关法律资料，进行调查研究，分析国内外的大量案例，并派人赴美、韩等国考察，起草了《反不正当竞争法（征求意见稿）》。

1993 年 5 月，原国家工商行政管理局组织召开专家论证会，邀请在京部分知名法学专家和全国人大常委会法工委、国务院法制局以及有关部门的同志对征求意见稿进行了论证。会后，起草小组又广泛征求了中央有关部门、地方和法学研究机构、大专院校的意见，与国务院法制局和全国人大常委会法工委的同志共同进行研究、修改，形成了《中华人民共和国反不正当竞争法（草案）》。1993 年 9 月 2 日第八届全国人大常委会第三次会议通过了《反不正当竞争法》并于同年 12 月 1 日起实施。

2017 年 11 月 4 日经第十二届全国人民代表大会常务委员会第三十次会议通过，我国对《反不正当竞争法》进行了第一次修订，这次修订主要是为了加强对公共利益、经营者利益与消费者利益的共同保护。

2019 年 4 月 23 日第十三届全国人民代表大会常务委员会第十次会议通过《关于修改〈中华人民共和国建筑法〉等八部法律的决定》，我国对《反不正当竞争法》进行了第二次修订，这次修订的目的在于进一步适应市场自由竞争的需要，加大对商业秘密的保护力度，完善《反不正当竞争法》，因此主要集中于商业秘密保护的修订方面，通过对于商业秘密的定义、侵害商业秘密的具体行为、承担侵权责任的主体、侵犯商业秘密行为的法律责任及举证责任分配等多个方面修订，适当扩大了商业秘密的保护范围，强化了商业秘密的保护力度，在一定程度上减轻了权利人面临的举证困难。

二、我国的《反不正当竞争法》

（一）不正当竞争行为的定义和我国的管理机构

1. 相关定义

不正当竞争行为，是指经营者在生产经营活动中，违反本法规定，扰乱市场竞争秩序，损害其他经营者或者消费者的合法权益的行为。

经营者，是指从事商品生产、经营或者提供服务（以下所称商品包括服务）的自然人、法人和非法人组织。

2. 管理机构

各级人民政府应当采取措施，制止不正当竞争行为，为公平竞争创造良好的环境和条件。

国务院建立反不正当竞争工作协调机制，研究决定反不正当竞争重大政策，协调处理维护市场竞争秩序的重大问题。

县级以上人民政府履行工商行政管理职责的部门对不正当竞争行为进行查处；法律、行政法规规定由其他部门查处的，依照其规定。

（二）《反不正当竞争法》列明的不正当竞争行为及其法律责任

1. 混淆行为

经营者不得实施下列混淆行为，引人误认为是他人商品或者与他人存在特定联系：

（1）擅自使用与他人有一定影响的商品名称、包装、装潢等相同或者近似的标识；

（2）擅自使用他人有一定影响的企业名称（包括简称、字号等）、社会组织名称（包括简称等）、姓名（包括笔名、艺名、译名等）；

（3）擅自使用他人有一定影响的域名主体部分、网站名称、网页等；

（4）其他足以引人误认为是他人商品或者与他人存在特定联系的混淆行为。

经营者违反本法第六条规定实施混淆行为的，由监督检查部门责令停止违法行为，没收违法商品。违法经营额五万元以上的，可以并处违法经营额五倍以下的罚款；没有违法经营额或者违法经营额不足五万元的，可以并处二十五万元以下的罚款。情节严重的，吊销营业执照。经营者登记的企业名称违反本法第六条规定的，应当及时办理名称变更登记；名称变更前，由原企业登记机关以统一社会信用代码代替其名称。

2. 贿赂他人

经营者不得采用财物或者其他手段贿赂下列单位或者个人，以谋取交易机会或者竞争优势：

（1）交易相对方的工作人员；

（2）受交易相对方委托办理相关事务的单位或者个人；

（3）利用职权或者影响力影响交易的单位或者个人。

经营者在交易活动中，可以以明示方式向交易相对方支付折扣，或者向中间人支付佣金。经营者向交易相对方支付折扣、向中间人支付佣金的，应当如实入账。接受折扣、佣金的经营者也应当如实入账。

经营者的工作人员进行贿赂的，应当认定为经营者的行为；但是，经营者有证据证明该工作人员的行为与为经营者谋取交易机会或者竞争优势无关的除外。

经营者违反本法第七条规定贿赂他人的，由监督检查部门没收违法所得，处十万元以上三百万元以下的罚款。情节严重的，吊销营业执照。

3. 虚假或引人误解的宣传

经营者不得对其商品的性能、功能、质量、销售状况、用户评价、曾获荣誉等作虚假或者引人误解的商业宣传，欺骗、误导消费者。

经营者不得通过组织虚假交易等方式，帮助其他经营者进行虚假或者引人误解的商业宣传。

经营者违反本法第八条规定对其商品作虚假或者引人误解

的商业宣传，或者通过组织虚假交易等方式帮助其他经营者进行虚假或者引人误解的商业宣传的，由监督检查部门责令停止违法行为，处二十万元以上一百万元以下的罚款；情节严重的，处一百万元以上二百万元以下的罚款，可以吊销营业执照。经营者违反本法第八条规定，属于发布虚假广告的，依照《中华人民共和国广告法》的规定处罚。

4. 侵犯商业秘密

经营者不得实施下列侵犯商业秘密的行为：

（1）以盗窃、贿赂、欺诈、胁迫、电子侵入或者其他不正当手段获取权利人的商业秘密；

（2）披露、使用或者允许他人使用以前项手段获取的权利人的商业秘密；

（3）违反保密义务或者违反权利人有关保守商业秘密的要求，披露、使用或者允许他人使用其所掌握的商业秘密；

（4）教唆、引诱、帮助他人违反保密义务或者违反权利人有关保守商业秘密的要求，获取、披露、使用或者允许他人使用权利人的商业秘密。

经营者以外的其他自然人、法人和非法人组织实施前款所列违法行为的，视为侵犯商业秘密。

第三人明知或者应知商业秘密权利人的员工、前员工或者其他单位、个人实施本条第一款所列违法行为，仍获取、披露、使用或者允许他人使用该商业秘密的，视为侵犯商业秘密。

经营者以及其他自然人、法人和非法人组织违反本法第九条规定侵犯商业秘密的，由监督检查部门责令停止违法行为，没收违法所得，处十万元以上一百万元以下的罚款；情节严重的，处五十万元以上五百万元以下的罚款。

5. 有奖销售

经营者进行有奖销售不得存在下列情形：

（1）所设奖的种类、兑奖条件、奖金金额或者奖品等有奖销售信息不明确，影响兑奖；

（2）采用谎称有奖或者故意让内定人员中奖的欺骗方式进行有奖销售；

（3）抽奖式的有奖销售，最高奖的金额超过五万元。

经营者违反本法第十条规定进行有奖销售的，由监督检查部门责令停止违法行为，处五万元以上五十万元以下的罚款。

6. 损害竞争对手

经营者不得编造、传播虚假信息或者误导性信息，损害竞争对手的商业信誉、商品声誉。

经营者违反本法第十一条规定损害竞争对手商业信誉、商品声誉的，由监督检查部门责令停止违法行为、消除影响，处十万元以上五十万元以下的罚款；情节严重的，处五十万元以上三百万元以下的罚款。

7. 非法的网络生产经营

经营者利用网络从事生产经营活动，应当遵守本法的各项规定。

经营者不得利用技术手段，通过影响用户选择或者其他方式，实施下列妨碍、破坏其他经营者合法提供的网络产品或者服务正常运行的行为：

（1）未经其他经营者同意，在其合法提供的网络产品或者服务中，插入链接、强制进行目标跳转；

（2）误导、欺骗、强迫用户修改、关闭、卸载其他经营者合法提供的网络产品或者服务；

（3）恶意对其他经营者合法提供的网络产品或者服务实施不兼容；

（4）其他妨碍、破坏其他经营者合法提供的网络产品或者服务正常运行的行为。

经营者违反本法第十二条规定妨碍、破坏其他经营者合法提供的网络产品或者服务正常运行的，由监督检查部门责令停止违法行为，处十万元以上五十万元以下的罚款；情节严重的，处五十万元以上三百万元以下的罚款。

第六节　知识产权国际条约

一、知识产权国际条约概述

知识产权国际保护起始于 19 世纪的《保护工业产权巴黎公约》和《保护文学和艺术作品伯尔尼公约》，随着各国不断的合作发展，现今以《与贸易有关的知识产权协定》作为知识产权国际保护的核心规范性文件。另有其他涉及知识产权的国际条约，规定了保护、分类、管理等关于知识产权的一系列问题。例如，《工业品外观设计国际注册海牙协定》《商标国际注册马德里协定》《马德里协定有关议定书》以及《专利合作条约》等。

二、《保护工业产权巴黎公约》

《保护工业产权巴黎公约》简称《巴黎公约》，于1883年3月20日在巴黎签订，1884年7月7日生效，于1900年在布鲁塞尔修订，1911年在华盛顿修订，1925年在海牙修订，1934年在伦敦修订，1958年在里斯本修订，1967年在斯德哥尔摩修订，并于1979年修正。《巴黎公约》的调整对象是工业产权，包括专利、商标、工业品外观设计、实用新型、服务商标、厂商名称、地理标志以及制止不正当竞争。本项国际协议是帮助创作者在别国确保自己的智力作品受到保护的首要一步。

中国于1984年12月19日递交了加入该公约1967年斯德哥尔摩修订文本的官方文件，1985年3月19日该公约对中国生效。

《巴黎公约》的实质性条款主要有三类：国民待遇、优先权、共同规则。最重要的共同规则有：独立性规则、专利强制许可、商标的使用、驰名商标保护、商标的转让、展览产品的临时保护。例如，基于优先权原则，申请人享有一定时间的优先权，商标注册的优先权为 6 个月，发明和实用新型为 12 个月，外观设计为 6 个月。

你知道吗

在有关保护工业产权领域的国际条约产生之前，由于各国对工业产权的保护并没有统一的标准，所以在世界各国均获得工业产权的保护是很困难的。例如，专利制度具有很强的地域性特征，从专利权的保护期限到权利保护内容都有较大差异，尤其是一国的发明创造要在外国获得保护必须基于两国之间的双边互惠协议；专利的实施不得不同时在所有的国家进行，为的是避免在一国的公开破坏了在其他国家的新颖性。

因此，1873 年当奥匈帝国政府邀请其他国家参加在维也纳举办的一场有关发明的万国博览会时，许多国家的发明者考虑到对展览品没有充分的法律保护和其创意可能被窃取，因而不乐意参展。

上述问题最终产生了两个结果：(1) 奥匈帝国通过一项特别法对所有参加展览的外国参展者的发明、商标和工业品外观设计提供临时法律保护。(2) 促成有关国家 1873 年在维也纳召开了关于进行“专利改革”的会议，会议提出若干有效且实用的专利原则，敦促各国政府积极倡导专利制度保护，以“早日达成专利国际保护协约”。

1878 年在巴黎召开了以工业产权保护为议题的国际性会议。

与会代表决定请求各国政府召集一次正式的国际会议，以便解决在工业产权领域的统一国际规则问题。会后，法国提议的关于建立保护工业产权“国际联盟”的最终草案，由法国政府分送给各有关国家。最终各国于1883年签署了相应的国际条约，即《巴黎公约》。

三、《保护文学和艺术作品伯尔尼公约》

《保护文学和艺术作品伯尔尼公约》，简称《伯尔尼公约》，于1886年9月9日在瑞士伯尔尼签订，1887年12月5日生效，1896年在巴黎修订，1908年在柏林修订，1914年在伯尔尼补充完备，1928年在罗马修订，1948年在布鲁塞尔修订，1967年在斯德哥尔摩修订，1971年在巴黎修订，并于1979年修正。《伯尔尼公约》涉及对作品和作品作者的保护。

中国于1992年7月10日加入了《伯尔尼公约》的1971年巴黎文本，该公约自1992年10月15日起对中国生效。

公约以三项基本原则（国民待遇原则、“自动”保护原则、保护的“独立性”原则）为基础，载有一系列确定所必须给予的最低保护方面的规定（a. 必须加以保护的作品，“文学、科学和艺术领域内的一切成果，不论其表现形式或方式如何”；b. 必须被视为专有的许可权，还规定了“精神权利”；c. 保护的期限，一般规则是必须保护到作者死亡后50年为止；d. 对受保护的作品的“自由使用”），并载有为希望利用这些规定的发展中国家所作出的特别规定（在某些与教育活动相关的情况下翻译和复制作品而适用非自愿许可）。

你知道吗

随着传播技术的发展和文化交流的扩大，一国作者的作品在其他国家被使用的情况越来越多，在已有双边版权保护的基础上实行更广泛和更统一的版权国际保护已势在必行。

1878年，巴黎世博会著作权研讨会由法国著名作家雨果主持，议题包括作者的权利保护和出版商的权利保护。这次会议通过了一项制定有关保护著作权国际公约的决定，并成立了国际文学艺术协会。1883年，国际文学艺术协会提出一项保护文学艺术作品的国际公约的草案，1884年和1885年由瑞士政府主持，在伯尔尼对该项草案进行了两次讨论。1886年，正式签署了相应的国际条约。

你知道吗

《巴黎公约》和《伯尔尼公约》都规定建立“国际局”，为管理这两个条约而设立的两个秘书处于1893年整合形成了保护知识产权联合国际局（BIRPI），该组织共有七名工作人员，总部设在瑞士伯尔尼。

世界知识产权组织（WIPO）赖以组成的文书——WIPO公约，于1967年7月14日在斯德哥尔摩签订，1970年4月26日生效，根据该公约，BIRPI为WIPO所取代。WIPO公约于1979

年作出修正。WIPO 是由成员国主导的政府间组织，总部设在瑞士日内瓦。1974 年，WIPO 加入联合国组织系统，成为联合国的一个专门机构。

WIPO 有两大主要目标，一是在全世界范围内促进对知识产权的保护，二是要确保 WIPO 管理的各条约所建立的知识产权联盟之间的行政合作。

四、《世界版权公约》

《世界版权公约》于 1952 年 9 月 6 日在日内瓦缔结，1955 年 9 月 16 日生效，1971 年 7 月 24 日于巴黎修订，修订后的版本于 1974 年 7 月 10 日生效。

该公约保护的作品版权主要包括文学、科学、艺术作品。主要原则有国民待遇原则、附条件的自动保护原则、最低限度保护原则。对要求版权保护须履行一定手续的国家，《世界版权公约》规定，只要在作品上标有版权标记©（英文 Copyright 一词的第一个字母）符号并注明版权所有者姓名、初版年份，即认为履行了手续。

中国于 1992 年 7 月 30 日递交了加入《世界版权公约》的官方文件，同年 10 月 30 日该公约对中国生效。

你知道吗

《伯尔尼公约》生效之后，美洲国家的著作权法与《伯尔尼公约》有很多规定不同，因此这些国家大多不愿意参加《伯尔尼公约》，而是签定了《美洲国家间版权公约》，该公约与《伯尔尼公约》有两点不同之处，即著作权的取得要有一定的形式以及保护期限比较短。为了协调版权保护的国际一体化，1947年起由联合国教育、科学及文化组织主持准备《世界版权公约》，并于1952年正式签订。

你知道吗

1984年，莫言读完《百年孤独》后，他拍案叫绝，“原来小说还可以这样写!”莫言把《百年孤独》的作者——马尔克斯，看作是自己的文学老师，然而，在这次伟大且偶然的文学相遇中，连莫言自己都不知道，这本《百年孤独》是盗版的。后来，在1990年，马尔克斯来到中国，发现大街小巷都在卖自己未经授权的作品，临走的时候留下一句话：“死后150年都不授权中国出版其作品，包括《百年孤独》。”

在中国加入世界版权公约后的近20年里，100多家中国出版机构向马尔克斯正式提出版权申请。2010年，马尔克斯最终授权中国的一家出版社出版《百年独孤》中文版。

五、《与贸易有关的知识产权协定》

《与贸易有关的知识产权协定》（*Agreement on Trade-Related Aspects of Intellectual Property Rights*，TRIPS）简称《知识产权协

定》或TRIPS协定，1993年12月15日通过，1994年4月15签署，1995年1月1日生效，是世界贸易组织管辖的一项多边贸易协定。

中国自“入世”之日起便全面实施世界贸易组织的TRIPS协定。

该协定相对于过去的知识产权国际条约，具有三个突出特点：

第一，它是第一个涵盖了绝大多数知识产权类型的多边条约，既包括实体性规定，也包括程序性规定。这些规定构成了世界贸易组织成员必须达到的最低标准，除了在个别问题上允许最不发达国家延缓施行之外，所有成员均不得有任何保留。因此，该协定全方位地提高了世界知识产权保护的水准。

第二，它是第一个对知识产权执法标准及执法程序作出规范的条约，对侵犯知识产权行为的民事责任、刑事责任以及保护知识产权的边境措施、临时措施等都作了明确规定。

第三，它引入了世界贸易组织的争端解决机制，用于解决各成员之间产生的知识产权纠纷。过去的知识产权国际条约对参加国在立法或执法上违反条约并无相应的制裁条款，TRIPS协定则将违反协定规定直接与单边及多边经济制裁挂钩。

TRIPS协定的基本原则有：国民待遇原则、最惠国待遇原则、最低保护标准原则、防止滥用权利原则。

你知道吗

电影《我不是药神》有一个场景，一个买不起天价癌症治疗药物的患者只能默默地等待死亡。天价癌症治疗药物的存在原因就是于1994年世界贸易组织通过的《与贸易有关的知识产权协定》。20世纪70年代，美国为了扭转贸易逆差，发挥其高科技贸易的优势，竭力推动了以其本国知识产权法为蓝本的TRIPS协定的产生。TRIPS协定规定了知识产权的强保护，要求所有成员必须遵守其中的知识产权保护高标准，但是这样的高标准无疑对许多发展中国家是苛刻的。其中，TRIPS协定第27条规定，专利可授予所有技术领域的任何发明，无论是产品还是方法，只要它们具有新颖性、包含发明性步骤，并可供工业应用。对专利实施全方位的保护有利于促进创新、激励研发，毕竟医药公司进行药物研发时间长、成本高（美国新药研发成本达数十亿美元，周期超过十年），医药公司需要在后续通过专利垄断而收回成本，否则将没有医药公司愿意做这样的研发，另外，如此昂贵的药品，发展中国家的民众根本买不起，这就像电影中民众集中在格列宁公司的门口抗议要求降价，而格列宁公司无论如何都不肯降价的场景。

但是TRIPS协定中对专利的保护也是有例外情形的。例如，第31条规定未经权利持有人授权的其他使用，也就是强制许可。但强制许可被限制了许多条件，例如：要求拟使用者要穷尽努力仍不能获得许可才能适用；在全国处于紧急状态或在其他极端紧急的情况下，或在公共非商业性使用的情况下可以适用但要尽快通知权利持有人。因此，电影的男主角走私“印度格列宁”治癌药是为了救人，但是这种情况并不符合专利保护强制许可的情形。因此，格列宁公司坚持起诉男主角的行为是可以得到法律支持的，因为其走私专利药品的仿制药确实违反了法律规定。

六、专利申请和保护相关的国际条约

1.《工业品外观设计国际注册海牙协定》

简称《海牙协定》，1925 年 11 月 6 日通过，1928 年 6 月 1 日生效，并于 1934 年在伦敦、1960 年在海牙修订。本协定由 1961 年在摩纳哥签订的附加文本和 1967 年在斯德哥尔摩签订、并于 1979 年修正的补充文本补充完备，1999 年在日内瓦通过了另一个文本。目前有两个文本有效——1999 年文本和 1960 年文本。

该协定对工业品外观设计的国际注册作出规定，有效地建立起一个使工业品外观设计以最少的手续在多个国家或地区取得保护的国际体系——“海牙体系”。

《海牙协定》保护期为五年，根据 1960 年文本可以至少以五年为期续展一次，根据 1999 年文本，可续展两次。如果缔约方的立法规定了更长的保护期，该缔约方应根据国际注册及其续展，对被提交国际注册的工业品外观设计给予同样长的保护期。

中国 2022 年 2 月 5 日加入，2022 年 5 月 5 日对中国生效。

2.《专利合作条约》

《专利合作条约》（PCT），1970 年 6 月 19 日签订，1978 年

1月24日生效，1979年修正，并于1984年和2001年修订。本条约对《巴黎公约》成员国开放，使得可以只提交一份“国际”专利申请，即可在许多国家中的每一国家同时为一项发明申请专利保护。

PCT缔约国的任何国民或居民均可提出这种申请。一般可以向申请人为其国民或居民的缔约国的国家专利局提出申请；也可以按申请人的选择，向设在日内瓦的WIPO国际局提出申请。如果申请人为其国民或居民的缔约国参加了《欧洲专利公约》、《专利和工业品外观设计哈拉雷议定书》（《哈拉雷议定书》）、《班吉协定》或《欧亚专利公约》，亦可分别向欧洲专利局（EPO）、非洲地区知识产权组织（ARIPO）、非洲知识产权组织（OAPI）或欧亚专利局（EAPO）提出国际申请。

条约对《巴黎公约》的成员国开放。

中国1993年10月1日加入，1994年1月1日对中国生效。

PCT程序的优势在于：

（1）与不使用PCT相比，申请人可以至少多18个月的时间，考虑是否值得在外国寻求保护、在国外每一个国家指定当地代理人、安排必要的翻译以及支付国家费用；

（2）国际申请只要符合PCT规定的形式要求，任何指定局在国家阶段都不会以形式方面的理由予以驳回；

（3）以国际检索报告和书面意见为依据，申请人可以对其发明是否将被授予专利权作出评价；

（4）在任选的国际初步审查阶段，申请人可以对国际申请作出修改，从而在各国家局受理申请前使之符合要求；

（5）随国际申请一起转送的国际检索报告、书面意见，以及可选的关于专利性问题的国际初步报告，可以大大减少甚至免除各国家局的检索和审查工作；

（6）在有 PCT-专利审查高速路（PCT-PPH）协议或类似安排的缔约国国家阶段，申请人能够使用快速审查程序；

（7）国际申请公布同时还公布国际检索报告，更方便第三方对发明能否被授予专利权的问题发表有充足依据的意见；

（8）对于申请人而言，国际公布让全世界周知申请人提出的申请，因此可以作为进行广告宣传和寻求潜在被许可人的一个有效的手段。

3.《国际承认用于专利程序的微生物保存布达佩斯条约》

简称《布达佩斯条约》，1977 年 4 月 28 日签订，1980 年 8 月 19 日生效。本条约对《巴黎公约》成员国开放，涉及国际专利程序中的一个特定主题：微生物。本条约的主要特征是：凡允许或要求为专利程序的目的进行微生物保藏的缔约国，对为此目的向任何“国际保藏单位”交存的微生物，无论该单位在该国境内还是境外，均须予以承认。

截至 2020 年 7 月 28 日，共有 48 个国际保藏单位：英国有 7 个，韩国有 4 个，中国、印度、意大利和美国各有 3 个，澳大利亚、日本、波兰、俄罗斯和西班牙各有 2 个，比利时、保加利亚、加拿大、智利、捷克、芬兰、法国、德国、匈牙利、拉脱维亚、墨西哥、摩洛哥、荷兰、斯洛伐克和瑞士各有 1 个。

中国 1995 年 4 月 1 日加入，1995 年 7 月 1 日对中国生效。

七、商标申请和保护相关的国际条约

1. 商标国际注册马德里体系

商标国际注册马德里体系受《商标国际注册马德里协定》和《商标国际注册马德里协定有关议定书》的制约。加入马德里体系的国家和组织被统称为缔约方。通过本体系，只要取得在每一被指定缔约方均有效力的国际注册，即可在数量众多的国家中保护商标。

《商标国际注册马德里协定》简称《马德里协定》，1891 年 4 月 14 日在马德里签订，1892 年 7 月 15 日生效，先后在布鲁塞尔（1900 年）、华盛顿（1911 年）、海牙（1925 年）、伦敦（1934 年）、尼斯（1957 年）和斯德哥尔摩（1967 年）修订，并于 1979 年修正。中国 1989 年 7 月 4 日加入，1989 年 10 月 4 日对中国生效。

《商标国际注册马德里协定有关议定书》简称《马德里议定书》，1989 年 6 月 28 日签订，1995 年 12 月 1 日生效。中国 1995 年 9 月 1 日加入，1995 年 12 月 1 日对中国生效。

马德里体系的优势在于：取得国际注册，无须再向每个有关的国家按照不同的国家或地区程序规则和条例，使用多种不同的语言，分别提交国家申请，并缴纳数种不同的（且往往更高的）规费而只需（通过本国的主管局）以一种语言（英语或法语），向国际局提交一项申请，并缴纳一套规费即可。维持和续展注册也有类似的好处。同样，如果向第三方转让国际注册，或进行诸如更改名称和/或地址之类的其他变更，可以通过单一的程序步骤进行登记，并对所有被指定的缔约方具有效力。国际注册的有效期为 10 年。缴纳规费后可再以 10 年为期进行续展。

《马德里协定》和《马德里议定书》对《巴黎公约》的任何成员国开放。这两项条约是并行不悖和相互独立的，各国可加入这两项条约中的任何一项，亦可同时加入两项条约。

你知道吗

截至当前，商标国际注册马德里体系已经覆盖了共 113 个成员，其中还有区域组织例如欧洲联盟和非洲知识产权组织。2022 年 11 月 24 日，伯利兹政府向世界知识产权组织（WIPO）交存了其加入《马德里议定书》的文书，该议定书已于 2023 年 2 月 24 日对伯利兹正式生效。

2.《商标法条约》和《商标法新加坡条约》

《商标法条约》（TLT），1994 年 10 月 28 日签订，1996 年 8 月 1 日生效。《商标法条约》宗旨是统一和简化国家和地区商标注册的程序。通过简化和协调这些程序的若干方面，从而减少在多个法律管辖区申请商标和管理商标注册的复杂性，并提高其可预见性。中国于 1994 年 10 月 28 日签字。

《商标法新加坡条约》简称《新加坡条约》，2006 年 3 月 28

日签订，2009 年 3 月 16 日生效。《新加坡条约》目标是为协调商标注册的行政程序创建一个现代化的动态国际框架，以 1994 年《商标法条约》（TLT）为基础，但适用范围更广，而且还处理通信技术领域的一些较新进展。中国于 2007 年 1 月 29 日签字。

3.《保护原产地名称及其国际注册里斯本协定》

简称《里斯本协定》，1958 年 10 月 31 日签订，1966 年 9 月 25 日生效，1967 年在斯德哥尔摩修订，并于 1979 年修正。该协定保护原产地名称。协定对《巴黎公约》的成员国开放。

《里斯本协定》保护原产地名称，原产地名称是指“一个国家、地区或地方的地理名称，用于指示一项产品来源于该地，其质量或特征完全或主要取决于地理环境，包括自然和人为因素”（第 2 条）。这种名称由设在日内瓦的 WIPO 国际局根据有关缔约国主管机关提出的请求进行注册。

《里斯本协定》最新修订版——2015 年《日内瓦文本》于 2015 年 5 月 20 日通过，2020 年 2 月 26 日生效，通过产权组织的单一程序对原产地名称和地理标志进行国际保护。原产地名称和地理标志是独特的产品名称，要求其所指的产品与原产地之间具备质量上的联系。《里斯本协定》和《里斯本协定日内瓦文本》共同构成了里斯本体系。为了细化《里斯本协定》的内容，世界知识产权组织通过了《原产地名称保护及国际注册里斯本协定与原产地名称和地理标志里斯本协定日内瓦文本共同实施细则》，最新版本于 2023 年 1 月 1 日正式生效。

我国并不是《里斯本协定》的成员国。

八、关于分类的国际条约

1.《商标注册用商品和服务国际分类尼斯协定》

简称《尼斯协定》，1957 年 6 月 15 日签订，1961 年 4 月 8 日生效。根据该协定，建立了用于商标和服务商标注册的商品和服务分类（即“尼斯分类”）。1967 年在斯德哥尔摩修订，1977 年在日内瓦修订，1979 年修正。

缔约国的商标局必须在注册相关的官方文件和出版物中，按分类标明注册商标所用于的商品或服务所属的类号。协定对《巴黎公约》的成员国开放。

中国 1994 年 5 月 5 日加入，1994 年 8 月 9 日对中国生效。

2.《建立工业品外观设计国际分类洛迦诺协定》

简称《洛迦诺协定》，1968 年 10 月 8 日签订，1971 年 4 月 27 日生效，1979 年修正。根据该协定，建立了工业品外观设计的一种分类（即“洛迦诺分类”）。缔约国的主管局必须在其发布的有关工业品外观设计保存或注册的官方文件和任何出版物中，按该分类标明采用外观设计的商品所属的大类和小类号。协定对《巴黎公约》的成员国开放。

中国 1996 年 6 月 17 日加入，1996 年 9 月 19 日对中国生效。

3.《国际专利分类斯特拉斯堡协定》

简称《斯特拉斯堡协定》，1971 年 3 月 24 日签订，1975 年

10 月 7 日生效，1979 年修正。根据该协定建立的国际专利分类（即 IPC 分类）体系把技术分为 8 个部类，约 80 000 个复分类，每个复分类都由一个阿拉伯数字和拉丁字母组成的分类号表示。在检索“现有技术”时，分类对检索专利文件是不可或缺的，颁发专利文件的机关、潜在的发明人、研究与开发单位以及其他有关的技术应用或开发单位都需要进行这种检索。缔约国的主管局必须在记载发明和实用新型相关的官方文件和出版物中，按分类标明技术方案所属的分类。协定对《巴黎公约》的成员国开放。

虽然本协定仅有 65 个成员国，但采用国际专利分类的有一百多个国家的专利局、四个地区专利局和管理《专利合作条约》（PCT）（1970 年）的产权组织秘书处。为反映最新情况，国际专利分类被不断修订，新版本在每年 1 月 1 日生效。

中国 1996 年 6 月 17 日加入，1997 年 6 月 19 日对中国生效。

4.《建立商标图形要素国际分类维也纳协定》

简称《维也纳协定》，1973 年 6 月 12 日签订，1985 年 8 月 9 日生效，1985 年修正。根据该协定，建立了一种由图形要素构成的或带有图形要素的商标的分类法（即“维也纳分类”）。缔约国的主管局必须在其有关商标注册和续展的官方文件或出版物中，标明商标的图形要素所归入的该分类的类号、组号和项号。协定对《巴黎公约》的成员国开放。

九、WIPO 管理的其他知识产权国际条约

1.《世界知识产权组织版权条约》

《世界知识产权组织版权条约》（WCT），1996 年 12 月 20 日签订，2002 年 3 月 6 日生效，属于《伯尔尼公约》所称的特别协议，涉及数字环境中对作品和其作者权利的保护。除了《伯尔尼公约》承认的权利之外，本条约还授予三种权利：发行权、出租权、扩大的向公众传播的权利。条约还涉及受版权保护的两个客体：（1）计算机程序，无论其表达方式或表达形式如何；和（2）数据或其他资料的汇编（“数据库”），无论采用任何形式，只要由于其内容的选择或编排构成智力创作。公约规定对于任何类型的作品，保护期必须至少为 50 年。

中国 2007 年 3 月 9 日加入，2007 年 6 月 9 日对中国生效。

2.《世界知识产权组织表演和录音制品条约》

《世界知识产权组织表演和录音制品条约》（WPPT），1996 年 12 月 20 日签订，2002 年 5 月 20 日生效。条约涉及两种受益人的知识产权，特别是在数字环境中的知识产权：（1）表演者（演员、歌唱家、音乐家等）；（2）录音制品制作者（最先将声音录制下来并负有责任的自然人或法人）。本条约规定保护期必须至少为 50 年。

中国 2007 年 3 月 9 日加入，2007 年 6 月 9 日对中国生效。

3.《关于集成电路知识产权的华盛顿条约》

简称《华盛顿条约》或《集成电路条约》，1989年5月26日签订于华盛顿，条约尚未生效，但TRIPS协定规定其成员必须遵守该条约的第二条至第七条（第六条第三款除外）及第十二条和第十六条第三款的规定。条约对集成电路布图设计（拓扑图）提供保护。

我国于1990年5月1日签署了该条约。

4.《保护表演者、录音制品制作者和广播组织罗马公约》

简称《罗马公约》，1961年10月26日签订，1964年5月18日生效。公约对表演者的表演、录音制品制作者的录音制品和广播组织的广播节目予以保护。公约的行政管理工作，由WIPO、国际劳工组织（ILO）和联合国教科文组织（UNESCO）共同负责；依本公约设立的政府间委员会的秘书处，由这3个组织和12个缔约国的代表组成。公约对《伯尔尼公约》或《世界版权公约》的成员国开放。

关于期限，保护期从下列行为发生之年年终算起，必须至少持续到20年期满为止：（1）对于录音制品和其中录有的表演，录制完成之年年终；（2）对于未录入录音制品的表演，实际演出之年年终；（3）对于广播节目，实际播放之年年终。但已有越来越多的国家法律规定给予录音制品和表演至少50年的保护期。

5.《保护录音制品制作者禁止未经许可复制其录音制品公约》

简称《录音制品公约》，1971年10月29日在日内瓦签订，

1973 年 4 月 18 日生效。公约规定各缔约国均有义务为属于另一缔约国国民的录音制品制作者提供保护，以禁止未经制作者同意而进行复制，禁止进口此类复制品（如果这种复制或进口以向公众发行为目的），并禁止此类复制品向公众发行。公约的行政管理工作由 WIPO、国际劳工组织（ILO）和联合国教科文组织（UNESCO）共同负责。

中国 1993 年 1 月 5 日加入，1993 年 4 月 30 日对中国生效。

6.《保护奥林匹克会徽内罗毕条约》

简称《内罗毕条约》，于 1981 年 9 月 26 日通过，1982 年 9 月 25 日生效。条约规定所有国家均有义务保护奥林匹克五环会徽，制止未经国际奥林匹克委员会许可将其用于商业目的的行为。

7.《视听表演北京条约》

简称《北京条约》，2012 年 6 月 24 日通过，2020 年 4 月 28 日生效。条约涉及表演者对视听表演的知识产权。条约规定表演者对其以视听录制品录制的表演，享有 4 种经济权利：复制权、发行权、出租权、提供权；条约还规定了表演者享有精神权利。条约规定保护期必须至少为 50 年。

中国于 2012 年 6 月 26 日签字，2014 年 7 月 9 日中国批准。

8.《发送卫星传输节目信号布鲁塞尔公约》

简称《布鲁塞尔公约》或《卫星公约》，1974 年 5 月 21 日签订，1979 年 8 月 25 日生效。

公约规定，每一缔约国均有义务采取适当措施，防止未经许可向其领土或从其领土发送卫星传输的节目信号。未经许可发送，是指未经决定节目内容的组织（通常为广播组织）许可的发送行为。

但是，从直接广播的卫星上发送信号的，不适用本公约的规定。

9.《关于为盲人、视力障碍者或其他印刷品阅读障碍者获得已出版作品提供便利的马拉喀什条约》

简称《马拉喀什条约》，2013 年 6 月 27 日通过，2016 年 9 月 30 日生效。作为 WIPO 管理的版权方面的国际条约之一，主要目标是创设一组有益于盲人、视力障碍者和其他印刷品阅读障碍者（视障者）的强制性限制与例外。

中国于 2013 年 6 月 28 日签字，2022 年 2 月 5 日批准，并于 2022 年 5 月 5 日对中国生效。

10.《制止商品来源虚假或欺骗性标记马德里协定》

简称《马德里协定》，1891 年 4 月 14 日签订，1892 年 7 月 15 日生效，1911 年在华盛顿修订，1925 年在海牙修订，1934 年在伦敦修订，1958 年在里斯本修订，并于 1967 年在斯德哥尔摩修订。

根据《马德里协定》，凡带有虚假或欺骗性产地标记、直接或间接把缔约国之一或该缔约国的一个地方标为原产国或原产地的商品，必须在进口时予以扣押或禁止其进口，或对其进口采取其他行动和制裁手段。

公约对《巴黎公约》的成员国开放。

11.《专利法条约》

《专利法条约》(PLT), 2000年6月2日签订, 2005年4月28日生效。

《专利法条约》(PLT)的宗旨是, 协调并简化国家和地区专利申请和专利的形式程序, 从而使这些程序更加方便用户使用。除申请日要求这一重要例外以外, PLT对缔约方主管局可予适用的最大限度的要求作了规定。这意味着, 缔约方可以自由规定在申请人和专利所有人看来更为有利的、但也是主管局可以要求申请人或专利所有人必须遵守的最大限度的要求。

条约对WIPO成员国和/或《巴黎公约》成员国开放, 还对若干政府间组织开放。

十、其他知识产权国际条约

1.《国际植物新品种保护公约》

1961年12月2日制定, 1968年8月10日生效。公约旨在通过建立植物品种保护的有效机制来保护植物新品种的知识产权, 以鼓励植物新品种的开发。公约文本分别在1978年、1991年进行了修改。

根据该公约, 成立了“国际保护植物新品种联盟”(UPOV)。

中国1999年3月23日加入公约, 1999年4月23日对中国生效。我国加入《国际植物新品种保护公约（1978年文本）》，并成为UPOV成员国，但目前未加入1991年文本。

2.《保护非物质文化遗产公约》

2003年10月17日在联合国教科文组织第32届大会上通过，2006年4月20日生效，旨在保护以传统、口头表述、节庆礼仪、手工技能、音乐、舞蹈等为代表的非物质文化遗产。

中国于2004年8月批准加入该公约，2006年4月20日对中国生效。

3.《保护和促进文化表现形式多样性公约》

2005年10月20日第33届联合国教科文组织大会通过。"文化多样性"是指各群体和社会借以表现其文化的多种不同形式，不仅体现在人类文化遗产通过丰富多彩的文化表现形式来表达、弘扬和传承的多种方式，也体现在借助各种方式和技术进行的艺术创造、生产、传播、销售和消费的多种方式。

2006年12月29日，第十届全国人民代表大会常务委员会第二十五次会议批准中国加入该公约，2007年4月30日对中国生效。

4.《生物多样性公约》

1992年6月1日由联合国环境规划署（UNEP）发起的政府间谈判委员会第七次会议在内罗毕通过，1992年6月5日由签约国在巴西里约热内卢举行的联合国环境与发展大会上签署。该公约建立了公平合理地共享遗传资源利益的原则，尤其是作为商业性用途，涉及快速发展的生物技术领域，包括生物技术发展、转让、惠益共享和生物安全等。该公约于 1993 年 12 月 29 日生效。

中国于 1992 年 6 月 11 日签署该公约，1993 年 12 月 29 日该公约对中国生效。